W0194068

»Die Straßen in Havanna«, schrieb Alejo Carpentier, »bieten ein fortwährendes Schauspiel: Theater, Karikatur, Drama, Komödie oder was auch immer.« Pablo Neruda, Max Frisch und Graham Greene ließen sich hier inspirieren, Ernest Hemingway erkor Havanna sogar zu seinem ständigen Wohnsitz. In den prächtigen Hotels logierten Jean-Paul Sartre, Josephine Baker oder Marlon Brando, im Gran Teatro wurde Enrico Caruso fast das Opfer eines Attentats. Die Stadt wurde von José Lezama Lima in *Paradiso* verherrlicht, Leonardo Padura diente sie als Kulisse für seine Kriminalromane. Den Soundtrack zum Straßengeschehen liefern bis heute Rumba und Son cubano, die der Buena Vista Social Club zu erneuter Blüte trieb. Neun Spaziergänge auf den Spuren bedeutender Persönlichkeiten führen den Leser zu den verborgenen, magischen Orten der »Perle der Karibik«.

Roman Rhode, 1962 geboren, Dr. phil., studierte Soziologie und Hispanistik in Berlin und Madrid. Er arbeitet als freier Journalist und Autor. Kuba, einer seiner Themenschwerpunkte, ist ihm seit 1985 vertraut.

insel taschenbuch 3608
Havanna

An dieser Straßenecke stand der verruchte *Teatro Shanghai*, den Graham Greene erstmals 1954 besuchte: »Havanna ist eine faszinierende Stadt, sicher die verdorbenste, in der ich je gewesen bin.«

Havanna

Ein Reisebegleiter

Von Roman Rhode
Mit farbigen Fotografien
von Julia Alice Treptow

Insel Verlag

Umschlagfoto: mauritius images/imagebroker/Karl F. Schöfmar
Karten: © Peter Palm

insel taschenbuch 3608
Originalausgabe
Erste Auflage 2010
© Insel Verlag Berlin 2010
Alle Rechte vorbehalten, insbesondere das der Übersetzung, des öffentlichen
Vortrags sowie der Übertragung durch Rundfunk und Fernsehen, auch einzelner
Teile. Kein Teil des Werkes darf in irgendeiner Form (durch Fotografie, Mikro-
film oder andere Verfahren) ohne schriftliche Genehmigung des Verlages repro-
duziert oder unter Verwendung elektronischer Systeme verarbeitet, vervielfäl-
tigt oder verbreitet werden.
Umschlag: Elke Dörr
Satz: Hümmer GmbH, Waldbüttelbrunn
Druck: Druckhaus Nomos, Sinzheim
Printed in Germany
ISBN 978-3-458-35308-9

1 2 3 4 5 6 – 15 14 13 12 11 10

Inhalt

»Havanna wird immer Havanna bleiben«

Einleitung

Havanna, Havana, La Habana – ob nun auf deutsch, englisch oder spanisch ausgesprochen, der Name ist klangvoll. Die Stadt selbst wirkt wie eine Kulisse zu Gershwins aufgewühlter *Kubanischer Ouvertüre*: Im Hafen tönen die Nebelhörner der Schiffe wie klagende Posaunen, durch die Gassen der Altstadt hallt der melodiöse Ruf der Erdnußverkäufer, und der aufbrausende Atlantik im Winter schlägt wie ein kräftiger Tusch an die Mauern der Uferstraße.

»Alle Elemente der Vollkommenheit existieren in Havanna nebeneinander«, lobt Alejo Carpentier seine Stadt: »eine Uferpromenade, die nur mit denen von Nizza und Rio de Janeiro vergleichbar ist, ein Klima, das Blumen zu allen Jahreszeiten blühen läßt, ein Himmel, der die Straßenpflaster nicht mit grauem Schmutz überzieht, eine geographische Lage, die am Ende jeder Straße mit Meer, Wolken oder Sonne aufwartet.« Doch Carpentier fügt hinzu: »Havanna ist die Stadt des Unfertigen, des Mangelhaften, des Asymmetrischen, des Verwahrlosten.« Genau in diesem Gegensatz übt sie ihren Zauber aus, auf Einwohner und Besucher gleichermaßen.

San Cristóbal de La Habana, 1519 an einer geschützten Bucht gegründet, stieg rasch zum Stützpunkt der spanischen Handels- und Kriegsflotten auf, wurde 1607 Hauptstadt Kubas und galt fortan als »Schlüssel zur Neuen Welt«. Der Hafen war Umschlagplatz für die Reichtümer des spanischen Kolonialreichs, die von hier aus ins Mutterland verschifft wurden. Auf diese hatten es rivalisierende Handelsmächte im Verbund mit Piraten abgesehen, Havanna wappnete sich dagegen mit dem größten Festungssystem Amerikas.

Neben der Kaufmannschaft bildete sich im 18. Jahrhundert eine Zuckeraristokratie heraus, in Havanna entstanden prächtige Paläste und Kirchen. Alexander von Humboldt, der die Stadt 1800 und 1804 besuchte, fiel die »solide Bauweise« der »großen Gebäude« ins Auge, er bewunderte »schöne Promenaden« und »das Theater, 1803 mit sehr viel Geschmack von dem italienischen Künstler Perouani innen ausgestaltet«. Er sah allerdings auch »eine andere Einrichtung, deren Anblick einen zugleich traurig stimmt und aufbringt: die Baracken, vor denen die unglücklichen Sklaven zum Verkauf angeboten werden«.

Mitte des 19. Jahrhunderts war Kuba der weltweit bedeutendste Zuckerproduzent. Doch erst nach dem Ersten Weltkrieg setzte der legendäre »Tanz der Millionen« ein: Überhöhte Weltmarktpreise brachten auf der Insel »ein neues Zeitalter und eine neue Welt zur Entfaltung«, wie der österreichische Schriftsteller Rudolf Brunngraber schreibt. Sein Roman *Zucker aus Cuba* (1941) gibt einen vorzüglichen Einblick in jene Zeit: »Man lebte das aufstampfende, rasende, wollüstige, trunken johlende Dasein, das Dasein in Hochschwüngen, Lastern und Paraden, in Abenteuern und Orgien, man lebte im Schlaraffenland, und das Schlaraffenland hieß Cuba.« In den zwanziger Jahren gehörte Havanna zur städtebaulichen Avantgarde Lateinamerikas, sein monumentales Erscheinungsbild wurde allenfalls von Buenos Aires oder Rio de Janeiro übertroffen. Die Stadt lag nun auch auf der Reiseroute illustrer Künstler: Im *Gran Teatro Nacional* gab Enrico Caruso 1920 mehrere Konzerte, die chilenische Lyrikerin – und spätere Nobelpreisträgerin – Gabriela Mistral wurde 1922 im pompösen *Hotel Inglaterra* geehrt, sogar Wladimir Majakowski kam 1925 auf Stippvisite. »Eine geleckt-saubere Stadt, eine der reichsten Städte der Welt«, notierte der Futurist, doch die Risse hinter der glanzvollen Fassade blieben ihm nicht verborgen: »Dem Weißen die Dollars, dem Schwarzen der Stock«, heißt es in seinem Gedicht *Black and White*.

Der soziale Gegensatz von Schwarz und Weiß war die Folge einer massenhaften Einfuhr afrikanischer Sklaven, auf deren Einsatz die Zuckerproduktion bis 1886 beruhte. Daraus resultierte auch eine Vermischung der Kulturen. In ihr sah der Gelehrte Fernando Ortiz schon früh einen Baustein nationaler Identität, Nicolás Guillén trug ihr 1931 in seinen »Mulattischen Gedichten« Rechnung. Doch stärker noch als in der Literatur hat sie sich in afrokubanischen Mischreligionen wie der *Santería* und in der Musik geäußert. Rhythmen wie Rumba und Son cubano klingen bereits in Gershwins *Kubanischer Ouvertüre* von 1932 an, von ihnen ließ sich auch der spanische Dichter Federico García Lorca in seinem Gedicht *Negersong in Kuba* inspirieren.

Lorca hielt sich im Frühjahr 1930 in Havanna auf, von der Stadt war er begeistert; im Dezember folgte ihm Albert Einstein. Zwei Jahre später kam – erstmals – Ernest Hemingway, der sich ab 1939 dauerhaft in Havanna niederließ; die Medaille seines Nobelpreises für *Der alte Mann und das Meer* sollte er der Schutzpatronin Kubas stiften.

In den frühen dreißiger Jahren bekam Havanna endgültig das Gesicht einer modernen, weltläufigen Metropole. Daß diese Modernisierung ausgerechnet unter Diktator Gerardo Machado (1925-1933) vonstatten ging, der im Ruf stand, seine Gegner den Haien zum Fraß vorzuwerfen, ist typisch für die Geschichte Kubas: Technischer Fortschritt, wirtschaftliche Prosperität und architektonische Spitzenleistungen brachten der Insel weder Demokratie, noch waren sie für die Mehrheit der Bevölkerung mit Wohlstand verknüpft. Deshalb wurde die Hauptstadt immer wieder Schauplatz von Revolten und Revolutionen. So sind die Aufstände gegen Machado in die epochalen Romane *Le Sacre du printemps* von Alejo Carpentier und *Paradiso* von José Lezama Lima eingeflossen; sie bilden auch den Hintergrund von Ernest Hemingways Roman *Haben und Nichthaben*. Hemingway selbst schien der ständigen Kleinkriege jedoch bald überdrüssig zu sein, sein Held Harry Morgan murrt: »Einer betrügt und verrät den anderen. Einer verkauft und beschubst den anderen. Die haben, was sie verdienen. Zum Teufel mit ihren Revolutionen.«

Dennoch entwickelte sich Havanna zu einem mondänen, vibrierenden Ort. Mit seiner Silhouette aus Art-déco-Bauten und Wolkenkratzern an der Uferpromenade, dem Sound von Mambo und Cha-Cha-Cha, Cabarets wie dem *Tropicana*, Konzerthäusern, in denen Erich Kleiber, Igor Strawinsky oder Herbert von Karajan dirigierten, aber auch mit seinen literarischen Cafés, Zirkeln und Zeitschriften konnte sich Havanna ab den vierziger Jahren als Kulturmetropole von Weltrang behaupten. »Havanna war keine Stadt, sondern die Luftspiegelung einer Stadt, ein Trugbild«, schwärmt Guillermo Cabrera Infante in seinem Großstadtroman *Drei traurige Tiger*, in dem der Autor vier Intellektuelle durchs Nachtleben der fünfziger Jahre streifen läßt: »Es war ein Panorama, wirkliches Cinemascope, das Cinerama des Lebens.« Von dieser Vitalität war auch Max Frisch angetan, der 1956 zu Besuch kam. »Ich sitze und rauche eine Zigarre, Gewitterwolken über der weißen Stadt: schwarz-violett, dazu der letzte Sonnenschein über den Hochhäusern«, schreibt er in *Homo faber*; für den Romanhelden ein einschneidendes Erlebnis: Er mischt sich unters Volk, bestaunt »lauter schöne Menschen« und schöpft – wenn auch zu spät – Lebenskraft. Graham Greenes Hauptfigur in *Unser Mann in Havanna* (1958) ist von der Stadt nicht minder ergriffen: »In Havanna zu leben war wie das

Straßencafé unter den Kolonnaden der Avenida Simón Bolívar (Reina).

Leben in einer Fabrik, die menschliche Schönheit auf dem Fließband produzierte.«

Doch die tropische Schönheit lockte nicht nur europäische Belesprits an. Havanna geriet zum Amüsierplatz für Nordamerikaner, die sich scharenweise in den Bordellen der Stadt verlustierten und in die Spielcasinos der Mafia strömten. General Fulgencio Batista, seit 1952 durch einen Putsch an der Macht, stand im Dienst des Mafioso Meyer Lansky, der Havanna in ein karibisches Las Vegas verwandelte. Die kubanische Wirtschaft, das Bankwesen, die Elektrizitätsversorgung und die Telefongesellschaften wurden von US-Unternehmen beherrscht, außerdem besaßen diese über die Hälfte aller Zuckerrohrländereien. Kuba selbst diente unter Batista lediglich als Rohstofflieferant und Importabnehmer. »Was ich für ein Zeichen des Reichtums ansah, waren in Wirklichkeit die Zeichen der Abhängigkeit und der Armut«, schrieb Jean-Paul Sartre nach seinem Havanna-Aufenthalt 1960. »Bei jedem Klingeln des Telephons, bei jedem Flackern des Neonlichts verließ ein kleines Dollarstück die Insel und bildete auf dem amerikanischen Kontinent mit den anderen Stücken, die es dort erwarteten, einen ganzen Dollar.«

Der Sieg der Revolution am 1. Januar 1959 versprach die historische Wende: Fidel Castro hatte nicht nur Batistas gewalttätiges und korruptes Regime niedergeworfen, auch die Abhängigkeit von den USA, in der sich Kuba seit Ende des Unabhängigkeitskriegs gegen die spanische Kolonialmacht (1895-1898) befand, wollte er überwinden.

Zunächst wurden Castro und seine bärtigen Guerilleros als Hoffnungsträger gefeiert, es herrschte die Aufbruchstimmung einer neuen Moral. Schriftsteller aus aller Welt reisten nach Havanna, um die Revolution aus der Nähe zu betrachten, darunter Pablo Neruda, Jean-Paul Sartre und Simone de Beauvoir. Letztere beobachtete 1960 »weniger Fröhlichkeit, weniger Freiheit«, doch »in gewissen Punkten große Fortschritte«. Nur die Aussagen führender kubanischer Intellektueller machten ihr Sorge: »Sie verlangten, daß man sich den Regeln des sozialistischen Realismus füge.«

In den folgenden Jahren nahmen Zensur und staatliche Gängelung zu. Zahlreiche Kulturschaffende, nicht wenige von ihnen ehemalige Castro-Getreue, gingen ins Exil. Der sowjetische Weg, den die Revolution im Spannungsfeld der Supermächte einschlug, führte Kuba in eine neue Abhängigkeit. In Havanna bestimmten zwar noch die amerikanischen Limousinen das Straßenbild, zunehmend aber auch Ladas und Warteschlangen vor leeren Geschäften. In den Außenbezirken entstanden Hochhäuser im sowjetischen Fertigteilsystem. Für die schreibende Zunft brachen besonders schwere Zeiten an, die Literatur hatte politischen Richtlinien zu gehorchen. Der linke Chilene Jorge Edwards erlebte die »außen süße, aber innen bittere Insel« als einen Polizeistaat, Schauprozesse, in denen Schriftsteller öffentlich »Selbstkritik« üben mußten, waren in den siebziger Jahren keine Seltenheit. Guillermo Cabrera Infante, literarische Leitfigur des Exils, erhob indessen das vorrevolutionäre Havanna zu einem Sehnsuchtsort, das er in *Drei traurige Tiger* und zwei weiteren Romanen ebenso glanzvoll wie besessen wiederauferstehen läßt. Darin folgte ihm später Zoé Valdés: Havanna verklärt sie in *Dir gehört mein Leben* zu einer Art Jerusalem, das für die kubanische Diaspora richtungsweisend sein soll: »Es mag zwar in sich zusammenfallen, mag an Enttäuschung sterben, aber Havanna wird immer Havanna bleiben.«

Auf der Insel konterte Luis Manuel García mit *Habanecer* – einer literarischen Tour de Force in der Tradition von Joyce und Dos Passos, die den Leser an einem Augusttag 1987 in vierundzwanzig Stunden durch ganz Havanna führt. Die Gegenwart war verlockender geworden, die »graue Periode« stalinistischer Kulturpolitik vorüber. Doch nach dem Zerfall der Sowjetunion, die Kuba mit ihrer Wirtschaftshilfe ein üppiges Dasein beschert hatte, rief die Regierung eine »Sonderperiode« aus: Die einheimische Produktion wurde auf ein Minimum gedrosselt, die Bevölkerung sah sich durch einschneidende Güter- und Lebensmittelrationierungen plötzlich bis an den Rand der Armut gedrängt. »Anfang der neunziger Jahre war Havanna eine tote Stadt«, schreibt Antonio José Ponte in *Der Ruinenwächter von Havanna*. Vor allem das historische Zentrum drohte endgültig zu verfallen. »Früher hatte die Altstadt von La Habana wie ein Gemälde von Edward Hopper ausgesehen«, heißt es in Hans Christoph Buchs *Tod in Habana*, »jetzt erinnerte ihn die zerfallende Bausubstanz an die Kulisse eines Tarkowski-Films.« Vor dieser Szenerie ist zugleich eine

neue, durch die »Sonderperiode« geprägte Literatur entstanden, die sich strikter Politisierung verweigert: Pedro
Juan Gutiérrez liefert in seinen schonungslosen Romanen
die Topographie eines »schmutzigen Havanna«, Ponte ist
der Chronist einer »Barackisierung«, und Leonardo Padura
läßt den Helden seiner Krimis enttäuscht zwischen »tod-
müden Fassaden« und sozialen Konflikten durch die Stadt
streifen.

Seinen Zauber hat Havanna auch in Krisenzeiten nicht verloren. »Zwar verfällt sie Stück für Stück, diese verdammte
Stadt, in der ich so sehr geliebt und gehasst habe, aber
trotzdem ist sie herrlich«, gibt Gutiérrez unumwunden zu.
Und die Mehrheit der Touristen, die seit Ende der neunziger Jahre wieder in die Stadt kommen, ist vom morbiden
Charme der alten Gemäuer geradezu hingerissen. Dazu hat
nicht zuletzt Wim Wenders' Kinoerfolg *Buena Vista Social
Club* beigetragen. Sein Film versöhnt die bröckelnde Gegenwart des Tropensozialismus mit der glamourösen Zeit
vor der Revolution. Daß es das gleichnamige betagte Orchester vorher nie gegeben hat, zeigt wiederum, wie sehr
Havanna noch immer für Phantasiebildungen taugt. Compay Segundo, der alte Barde des Buena Vista Social Club,
prägt das auswärtige Bild Havannas inzwischen ebenso
wie die Oldtimer oder Hemingways zum Markenzeichen
erhobene Trinkstätten. Bei der aufwendigen Restaurierung
der Altstadt – seit 1982 Weltkulturerbe – stellt sich allerdings die Frage, ob es den Behörden gelingen wird, eine historische Inszenierung zu vermeiden, die allzusehr auf devi-
senträchtige Touristen ausgerichtet ist.

Havannas wechselvolle Geschichte, seine vielfältigen Gesichter und Gegensätze lassen sich in beinahe jedem Winkel aufspüren. Die Spaziergänge in diesem Reisebegleiter
beschränken sich – mit Ausnahme des letzten – auf den Kern
der ausgedehnten Zweieinhalbmillionen-Stadt und bauen

historisch aufeinander auf. Sie führen – oft abseits der touristischen Pfade – durch Straßen, über Alleen und Plätze, deren Bezeichnungen hier im spanischen Original belassen werden, es ist also jeweils von »Calle«, »Avenida« und »Plaza« die Rede. Auch die Auswahl der – zumeist literarischen – Persönlichkeiten, die in der Stadt gelebt, gelitten, sie besucht, beschrieben oder erfunden haben, ist natürlich nicht erschöpfend, sondern exemplarisch. In jedem Fall sind ihre Zeugnisse ein gleichermaßen atmosphärischer wie persönlicher Wegweiser durch jenes Havanna, das an der kulturellen Schnittstelle zwischen Europa, Afrika und den USA zu den aufregendsten Metropolen der Welt zählt.

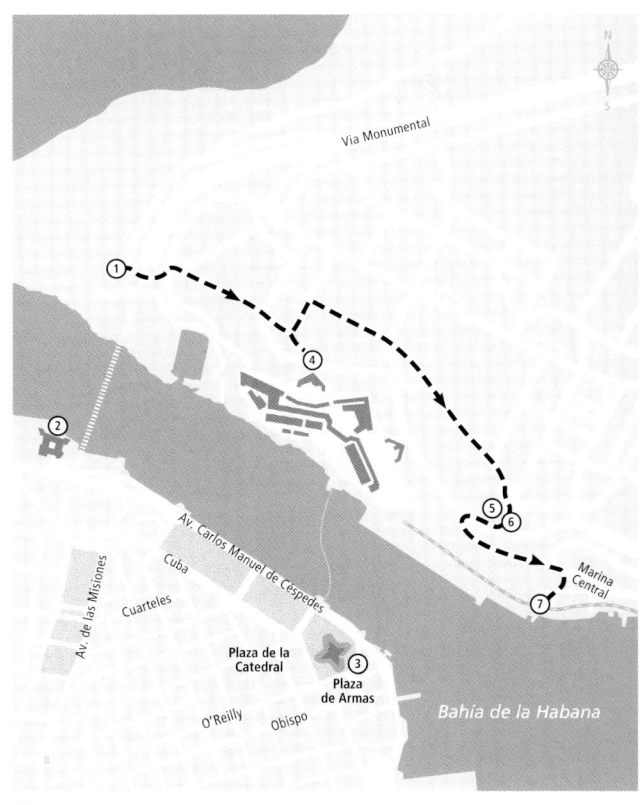

① Castillo del Morro ② Castillo de San Salvador de la Punta ③ Castillo de la Real Fuerza ④ Castillo de San Carlos de La Cabaña ⑤ Casa del Che ⑥ Cristo de La Habana ⑦ Fähre Casablanca – Havanna

»Anfangs sah ich mit Groll zur Stadt hinüber«

Erster Spaziergang

Auf den Festungen *El Morro* und *La Cabaña*

»Der Anblick Havannas ist bei der Ankunft im Hafen einer der reizvollsten und malerischsten, dessen man sich an der Westküste von Amerika nördlich des Äquators erfreuen kann.« Alexander von Humboldt, der mit diesen Worten seinen *Essay über Kuba* beginnt, traf am 19. Dezember 1800 in Havanna ein. Hinter ihm lag eine beschwerliche Reise: Sein Schiff, das von Venezuela kam, war in einen schweren Sturm geraten, außerdem hatte es an Bord einen Brand gegeben. Der Naturwissenschaftler und Entdecker konnte also aufatmen.

Ähnlich begeistert von der Stadt am Meer zeigte sich Alejo Carpentier, als er 1939, nach elf Jahren Exil in Paris, auf dem Dampfer *Rotterdam* wieder in seine Geburtsstadt zurückkehrte: »Havannas Hafeneinfahrt wirkt wie das Werk eines raffinierten Bühnenbildners. Denn dieser Hafen mit seiner schmalen Einfahrt, beschützt von Festungsanlagen von unbestreitbarem dekorativen Wert, gehört zu den ganz wenigen, die so weit vordringen bis ins Herz einer Stadt.«

Das Wahrzeichen dieser Festungsanlagen beschreibt Graham Greene in seinem Roman *Unser Mann in Havanna* – allerdings vom Festland aus betrachtet: »Der Castillo del Morro lag wie ein vom Sturm festgehaltener Dampfer auf der anderen Seite des Hafens.« Als Greene im September 1954 erstmals nach Havanna kam, stieg er nicht, wie noch die meisten Besucher vor ihm, von Bord eines Schiffes, sondern landete auf dem Flughafen.

Das gilt auch für die Mehrzahl der Reisenden heute. Für

einen ersten, eindrucksvollen Rundblick über Stadt und Hafeneinfahrt empfiehlt sich daher ein Ausflug zu den beiden Festungsanlagen am Ostufer der Hafeneinfahrt. Eine kurze Fahrt mit dem Taxi zur Festung **El Morro** führt durch den rund siebenhundert Meter langen, im Mai 1958 fertiggestellten Tunnel unter der Bucht. Den Zuschlag für das seinerzeit ambitionierteste Bauvorhaben Kubas erhielt übrigens die *Societé des Grandes Travaux* aus Marseille – nachdem die Franzosen eingewilligt hatten, einen Teil der vereinbarten Summe von insgesamt fünfunddreißig Millionen Dollar in Zucker ausbezahlt zu bekommen.

El Morro erhebt sich auf einem Felsvorsprung, der direkt in den Atlantik ragt. »Eine Festung von majestätischem Ausmaß, bestückt mit Kanonen, Flaggen und militärischen Attributen, die unter der strahlenden Sonne ein beeindruckendes und wahrlich ritterliches Schauspiel bietet.« Als der britische Marineoffizier Robert Francis Jameson diese bewundernden Worte 1820 zu Papier brachte, hatte der *Castillo de los Tres Santos Reyes del Morro* jedoch seine militärische Vormachtstellung bereits eingebüßt.

Aber nähern wir uns den Ereignissen chronologisch. Die Festung wurde ab 1589 unter der Leitung des italienischen Militäringenieurs Bautista Antonelli ausgebaut. Der arbeitete nicht nur auf Kuba, sondern war vom spanischen König Philipp II. beauftragt, große Festungsbauten in der Karibik zu entwerfen: in Puerto Rico, Santo Domingo, Florida, Cartagena de Indias, Panama und Portobelo. Havanna aber bildete den Mittelpunkt des spanischen Verteidigungssystems: Als »Schlüssel zur Neuen Welt« war der befestigte Hafen Stützpunkt für die karibischen Schutzflotten Spaniens, da er die schmale Ein- und Ausfahrt des Golfes von Mexiko an der Floridastraße flankiert. Doch vor allem bot er den spanischen Handelsflotten Schutz, die sich hier jedes Frühjahr sammelten, bevor sie, mit Silber und Gold

»Wie ein vom Sturm festgehaltener Dampfer«: Die Festung *El Morro*, eines der Wahrzeichen der Stadt, beschützt die Hafenbucht.

aus Mexiko und Peru beladen, ihre Segel für die lange Fahrt ins Mutterland hißten.

»Kurz vor dem Aufbruch der Flotte schiffte ich mich am Mittwoch, dem 12. März 1698, nach dem Mittagessen ein«, schreibt der italienische Abenteurer Gemelli Careri in seinem Reisebericht *Giro del Mondo*, der die Seereise nach Spanien auf einer Galeone antrat. »In der Nacht fand ich kaum Schlaf wegen des Lärms, der bei der Verladung von hundert Schweinen, einigen Kühen und Lämmern veranstaltet wurde.« Außer lebendem Proviant hatte das Schiff noch jede Menge Munition an Bord: »Als wir am nächsten Tag hinter den Handelsschiffen aus dem Hafen fuhren, salutierte unsere Galeone mit sieben Kanonenschüssen vor der Festung La Fuerza, worauf diese sechs Schüsse zurückgab; es folgten sechs Schüsse in Richtung El Morro, der mit gleicher Anzahl antwortete.«

Wer auf den 1845 hinzugefügten Leuchtturm der Festung steigt, entgeht nicht nur den Touristengruppen, die sich zwischen Waffenplatz, Kasernen und Kanonen tummeln, sondern wird auch mit einer spektakulären Aussicht belohnt. Und erst von hier oben läßt sich das ausgeklügelte, seewärts gerichtete Verteidigungsdreieck der Stadt in seiner ganzen Dimension erkennen. Auf der gegenüberliegenden Seite der Hafeneinfahrt steht der *Castillo San Salvador de la Punta*, etwas weiter landeinwärts, von einem Wassergraben umgeben, der *Castillo de la Real Fuerza* (siehe Zweiter Spaziergang). Die beiden kleineren Forts sollten zusammen mit *El Morro* den Hafen schützen; ergänzt wurde dieses Verteidigungsdreieck durch mächtige Stadtmauern und Küstenbefestigungen in der Umgebung. Das weitgespannte Bollwerk stand im Ruf, unüberwindbar zu sein. Darauf jedenfalls hatten die Spanier gebaut, denn die Inselwelt der Karibik galt als die Achillesferse ihres großen Kolonialreichs. Besonders seit England mit Spanien um den einträglichen Überseehandel rivalisierte und ab Mitte des 17. Jahrhunderts mit Jamaika über einen wichtigen Vorposten in der Region verfügte. Von dort aus sollten, auch mit Hilfe von Piraten, die spanischen Gold- und Silberflotten überfallen und die Expansion des Empire vorangetrieben werden. Die Schlüsselstellung Havannas hatten die Briten schon früh erkannt.

So schrieb Daniel Defoe, Kaufmann, Erzähler und Verfasser wirtschaftspolitischer Traktate, in einem Essay von 1727: »Dergestalt sind unsere Vorschläge, den spanischen Handel zu unterbinden und dero Korrespondenz untereinander vollständig abzufangen, damit diese gut befestigte Stadt und dieser vorzügliche Hafen nie wieder irgendwelche Bedeutung oder Wichtigkeit haben; nichts sollen sie mehr wert sein, weder für uns, sie zu erobern, noch für die Spanier, sie zu halten. England muß sich die Oberhoheit zur See sichern, daran ist nicht zu zweifeln, der Rest wird folgen; Havanna soll für die Spanier so nutzlos sein wie Mallorca im Mittelmeer (vergleichsweise gesprochen), des weiteren darf die Stadt – oder Spanien durch seine Hilfe – nicht in der Lage sein, unsere Bemühungen zu vereiteln, dero Handel zu stören und ihn in Bälde ganz in unsere Hände zu nehmen.«

Zwar kannte Defoe Havanna nicht aus eigener Anschauung, doch sein scharfer, auf Beute ausgerichteter Blick entspricht ganz dem Unternehmergeist jener Epoche, wie ihn der Autor wenige Jahre zuvor in *Robinson Crusoe* dargestellt hatte: Um ihre Produkte losschlagen zu können, interessierten britische Kaufleute sich zunehmend für Absatzmärkte, die auch außerhalb des Empire lagen.

Die Eroberung Havannas durch die Engländer führte allerdings zu keinem Freihandel mit Spanien, wie ihn die englische Kaufmannschaft forderte. Und völlig überraschend kam sie nicht. Bautista Antonelli, Architekt und Stratege, hatte schon beim Bau von *El Morro* auf den verwaisten Hügel südlich der Festung hingewiesen: »Wer den einnimmt, wird eines Tages auch die Stadt erobern können.« Daß die Spanier besagten Hügel nicht nennenswert befestigt hatten, sollte ihnen im Sommer 1762 zum Verhängnis werden. Ein britisches, 22 000 Mann starkes Invasionsheer – das größte Kontingent, das bis dato in der Neuen Welt aufgeboten wurde – nahm Havannas zum Meer hin orientiertes Verteidigungssystem unter Beschuß. Und zwar nicht nur von fünfundvierzig Kriegsschiffen, sondern auch von Land aus. Knapp zwei Monate dauerte die Belagerung von *El Morro*, bei der Angreifer wie Verteidiger erhebliche Verluste erlitten – nicht zuletzt aufgrund von Durchfall, Sonnenstich und Gelbfieber. Erst die Zündung einer unter dem nordöstlichen Schutzwall plazierten Mine brachte die Festung endgültig zu Fall.

Die britische Herrschaft über Havanna währte jedoch nur elf Monate. Im Pariser Frieden von 1763 kam es zur Rückgabe von Havanna im Tausch gegen Florida. Daraufhin erweiterten die Spanier ihre Verteidigungsanlagen, und auf der kritischen Anhöhe südlich von *El Morro* errichteten sie die mächtige Burg *San Carlos de La Cabaña*. Ein paar Jahre später besaß Havanna das größte Festungssystem von Amerika.

Auf einem Rundgang durch die historischen Gemäuer von *El Morro* trifft man indessen auch auf Zeugnisse der neueren Geschichte. So zeigt ein Foto den *Comandante* Ernesto Che Guevara während einer Rede, mit der er am 13. Januar 1959, nur wenige Tage nach dem Sieg der Revolution, die neue Militärakademie eröffnete.

Das berüchtigte Gefängnis allerdings ist nicht mehr in Betrieb. Dort hatten die neuen Machthaber keineswegs nur gewöhnliche Verbrecher oder niedere Schergen der Diktatur interniert, sondern auch Dissidenten aus den eigenen

Reihen – wie etwa Huber Matos. Als *Comandante* der Guerilla gehörte Matos noch zum engeren Führungskreis um Fidel Castro und winkte mit ihm zusammen in die begeisterte Menge, als die bärtigen Revolutionäre am 8. Januar 1959 in Havanna einzogen. Neun Monate später fiel Matos, aufgrund ideologischer Differenzen mit Castro, in Ungnade und wurde wegen Hochverrats zu zwanzig Jahren Gefängnis verurteilt, die er zum Teil in *El Morro* einsaß. Seine Erinnerungen an die Haft, *Cómo llegó la noche* (»Wie die Nacht hereinbrach«), gehen ebenso unter die Haut wie jene Passagen, die Reinaldo Arenas zum gleichen Thema in seinem biographischen Werk *Bevor es Nacht wird* erzählt. Auf diesem Buch basiert auch der 2001 für einen Oscar nominierte Film *Before Night Falls* von Julian Schnabel.

Arenas, dessen lyrische Prosa in Kuba zunächst offizielle Anerkennung fand, wurde, als nonkonformistischer Schriftsteller, der offen seine Homosexualität lebte, das Opfer einer kulturellen Hexenjagd. Von 1974 bis 1976 saß Arenas im Verlies von *El Morro*, verhaftet wurde er wegen angeblicher sexueller Nötigung und Vergewaltigung. Die Zelle teilte er mit Mördern und anderen Schwerverbrechern. »Meine Pritsche war die letzte in der Reihe, neben einer kleinen Fensteröffnung. Ich fror dort ziemlich, und wenn es regnete, kam das Wasser herein; das Licht des Leuchtturms vom Morro strahlte alle zwei bis drei Minuten durch dieses Loch, mir direkt ins Gesicht; ich konnte kaum schlafen bei diesem Licht, das über meinem Gesicht kreiste, abgesehen vom Lärm der Gefangenen und von der Beleuchtung im Gefängnis, die nie ausgeschaltet wurde.«

Das einzige Buch, das er dort besaß, Homers *Ilias*, bewachte er wie einen Schatz: »Ich wußte, daß sie bei den Häftlingen sehr begehrt war, nicht etwa wegen ihres literarischen Werts, sondern weil man sich aus ihren Seiten und der Füllung mancher Matratzen und Kopfkissen eine Art Zigarette drehen konnte.« Für die Briefe, die er für die Inhaftierten an ihre Frauen und Geliebten verfaßte, erhielt er Stift und Papier: »Ich wurde zum literarischen Verlobten oder Ehemann aller Gefangenen im Morro.« Doch alle Versuche, eigene Manuskripte aus den Gefängnismauern zu schmuggeln, scheiterten. Vor die Entscheidung gestellt, sein Werk zu verleugnen oder für immer zu verschwinden, zog Arenas ersteres vor: »Sie wollten, daß ich ein Geständnis ablegte, in dem ich sagte, daß ich ein Konterrevolutionär war, daß ich meine ideologische Schwäche bereute, meine Bücher geschrieben und veröffentlicht zu haben, und daß die Revolution außerordentlich gerecht zu mir gewesen war.« Eine solche öffentliche Selbstanklage war in der »grauen Periode« der siebziger Jahre keine Seltenheit; erst eine Dekade später sollten die Verfehlungen jener repressiven Kulturpolitik auch offiziell eingeräumt werden (siehe Achter Spaziergang).

Bis zu seinem Prozeß wurde für den »geläuterten« Schriftsteller immerhin der Strafvollzug gelockert. Er bekam Zutritt zur Terrasse, wo er zusammen mit einem Dutzend anderer Häftlinge die Wäsche der Soldaten und Offiziere wusch. »Von dort oben konnten wir wenigstens Havanna und den Hafen sehen. Anfangs sah ich mit Groll zur Stadt hinüber und sagte mir, letzten Endes ist Havanna auch nur ein einziges Gefängnis.« Arenas, der sich im Mai 1980 aus Kuba absetzen konnte, erkrankte später im New Yorker Exil an Aids. Am 2. Dezember 1990 nahm er sich mit einer Überdosis Tabletten das Leben. Seine Biographie *Bevor es Nacht wird* hatte er – voller Wut und im Wettlauf mit dem Tod – noch niederschreiben können.

Auf *El Morro* sucht man für das Enfant terrible der kubanischen Literatur vergeblich nach einer Gedenktafel. Dort, wo früher die Wäscheleinen der Strafanstalt gespannt waren, gehen heute Touristen umher, die mit ihren Kameras die Skyline von Havanna ins Visier nehmen. Im Vordergrund stehen gußeiserne Kanonen, die der malerischen Hafeneinfahrt zugewandt sind und Jahrhunderte überdauert haben. So auch die »Zwölf Apostel«, die unterhalb der Festung auf einem Vorsprung ruhen, an dem sich bei Sturm die schwere Dünung bricht.

Antike Kanonen hält ebenfalls die 1774 fertiggestellte Festung **San Carlos de La Cabaña** bereit. Man erreicht sie nach etwa zehn Gehminuten, wenn man der – namenlosen – Straße im weitläufigen *Parque Histórico-Militar Morro-Cabaña* folgt. Jeden Abend um neun Uhr findet dort vor zahlreichem Publikum der *Cañonazo de las Nueve* statt: Eine Schwadron Soldaten, gewandet in die Galauniform des spanischen Kolonialheers, marschiert langsam auf eines der Geschütze zu, legt die Lunte und feuert einen Böllerschuß ab. Mit dieser Zeremonie hatten die Wächter das Schließen der Stadttore angekündigt, bevor 1863 der Schutzwall Havannas niedergerissen wurde.

Neben einem Waffenmuseum und einer Zigarrenmanufaktur umschließen die vierhundertzwanzig Meter langen, verwinkelten Festungsmauern auch einige noch erhaltene Räume der ehemaligen Garnison. Einer ihrer letzten Kommandanten war Ernesto Che Guevara. Im Morgengrauen des 3. Januar 1959 erreichte er mit seiner kleinen, zerlumpten Kolonne die Festung und konnte diese kampflos einnehmen. Nur wenige Tage zuvor war der Befehlshaber von *La Cabaña*, ein Schwager des Diktators Batista, außer Landes geflohen. Die zurückgebliebenen Soldaten, etwa dreitausend Mann, ergaben sich, ohne mit der Wimper zu zukken. Aleida March, die Kampfgefährtin und spätere Frau Guevaras, erinnert sich: »Es war seltsam, zu beobachten, wie diese Masse von Soldaten vor dieser großen Festung sich plötzlich dem Befehl der Rebellen unterstellte. Dieser

»Wie das Werk eines raffinierten Bühnenbildners«: Havannas Hafeneinfahrt.

Umstand sagte nicht nur viel über den demoralisierten Zustand der Truppe aus, sondern zeigte auch den vertrauensvollen Respekt gegenüber dem Rebellenheer, das auf die Unterstützung der gesamten Bevölkerung zählen konnte.«

Als neuer Befehlshaber stürzte sich Che sofort auf seine Aufgaben, die der Schriftsteller Antonio José Ponte drastisch zusammenfaßt: »Von seinem Kommandoposten in der Festung La Cabaña aus leitete Ernesto Guevara eine Zeitschrift, die Militärkapelle, eine Zeichengruppe, die Filmabteilung des Heeres und die Erschießungskommandos.« Beinamen wie »Der Schlächter von La Cabaña«, wie sie Guevara von Teilen des kubanischen Exils noch heute verliehen werden, dürften allerdings übertrieben sein. Auf der Festung wurden im Januar 1959 die *Tribunales Revolucionarios* *1* und *2* abgehalten; das erste richtete über Militärs und Polizisten der Batista-Diktatur, das zweite – das keine

Todesurteile aussprach – über Zivilisten. Guevara war kein Mitglied dieser Tribunale, konnte als Garnisonskommandant jedoch die Berufungen durchsehen sowie Urteile der summaristischen Justiz bestätigen.

Es waren wohl eher Guevaras kulturelle Initiativen, an die sich die kubanischen Behörden erinnert haben mögen, als sie *La Cabaña* als Standort für die internationale Buchmesse von Havanna wählten. Die findet seit 1999 jeden Februar statt, dauert neun Tage und zählt jährlich über eine halbe Million Besucher. Darüber hinaus gehört die Festung mittlerweile zu den ständigen Ausstellungsorten der 1984 ins Leben gerufenen Biennale Havanna.

Wir verlassen die Burganlage, biegen rechts ein in die Hauptstraße des *Parque Histórico-Militar Morro-Cabaña*, und folgen ihr in Richtung des Ortes Casablanca. Nach etwa zehn Gehminuten, in der Mitte einer großen Rechtskurve, sieht man auf einer Anhöhe ein Gebäude, an dessen Fassade der Schriftzug *Che* prangt: die **Casa del Che**. Hier befand sich der Wohnsitz des Garnisonskommandanten. Guevara bezog in der neu gewonnenen Residenz, die unter Batista von Oberstleutnant Roberto Fernández Miranda bewohnt gewesen war, sogleich Quartier, richtete sich ein Büro ein und adoptierte sogar den von seinem Vorgänger zurückgelassenen Hund. Noch im Januar 1959 hielt er hier um die Hand von Aleida an. »Als er barfuß und schweigend in mein Zimmer trat«, erinnert sich March, »bezeichnete der Che das scherzhaft als den Tag der ›eroberten Festung‹. Ich war viel verliebter, als ich dachte, und so ergab ich mich einfach, ohne Widerstand und ohne Gefecht.«

Nach der Hochzeit, die am 2. Juni 1959 auf *La Cabaña* stattfand, sollte Guevara seinen Wohnsitz noch dreimal wechseln. Zuerst zog er mit seiner Frau in den südlich von Havanna gelegenen Ort Santiago de la Vega, dann – bereits mit Nachwuchs – ins noble Außenviertel Miramar, schließlich ins nicht minder elegante Viertel Nuevo Vedado. Die herrliche Aussicht von seinem Haus nahe der Festung hatte der vielbeschäftigte Guerillero im Staatsdienst mangels Zeit wahrscheinlich kaum genießen können. Heute ist das für jeden Besucher möglich. Über die Terrasse gelangt man zu einem kleinen dem »Heldenhaften Guerillero« gewidmeten Museum. Zu sehen sind Guevaras Büro, sein Schlafzimmer sowie der Raum, wo der gebürtige Argentinier seinen Mate-Tee zu sich nahm. Gleichsam als Reliquie ist auch jene Bahre ausgestellt, auf der Ches Leichnam in Bolivien transportiert wurde. Zwar war Guevaras bolivianische Guerilla-Expedition im Oktober 1967 kläglich gescheitert, der hingerichtete *Comandante* sollte jedoch als Ikone wiederauferstehen. Die verstümmelte Leiche Guevaras fand man jedoch erst im Juli 1997 auf dem Flugplatz des bolivianischen Ortes Vallegrande. Noch im selben Jahr wurden die sterblichen Überreste nach Kuba überführt und in einem eigens dafür errichteten Mausoleum in Santa Clara beigesetzt. Von Ches zahlreichen Schriften geriet ausgerechnet das *Bolivianische Tagebuch* zu einem internationalen Bestseller.

Auf dem Hügel gegenüber der *Casa del Che* erhebt sich eine imposante Christus-Statue aus Carrara-Marmor, die mit ihrer Höhe von achtzehn Metern auch vom Stadtufer aus deutlich zu sehen ist. Vor dem **Cristo de La Habana** öffnet sich ein großzügig angelegter Aussichtspunkt. Man blickt über die schmale Hafeneinfahrt auf die an der Uferstraße restaurierten Fassaden der Altstadt, die goldene Zwiebelkuppel der im Oktober 2008 eingeweihten russisch-orthodoxen Kathedrale und sieht in der Ferne die qualmenden Schornsteine des Industriehafens sowie den hügeligen Süden der weitläufigen Metropole. Nachmittags zieht es Liebespärchen unter den segnenden *Cristo*, samt Rum und Musik. Dabei ist die Legende, die sich auf die Entstehung der gigantischen Skulptur bezieht, alles andere als romantisch. Am 13. März 1957 hatte eine Schar bewaffneter revolutionärer Studenten den Präsidentenpalast gestürmt, um den verhaßten Diktator Fulgencio Batista zu liquidieren. Doch der blieb unversehrt, die Angreifer wurden zurückgeschlagen. Aus Dankbarkeit für diese vermeintlich göttliche Fügung soll die Ehefrau des Diktators, Marta Fernández Miranda, eine Christus-Statue nach dem Vorbild derjenigen in Rio de Janeiro in Auftrag gegeben haben. Die von der Kubanerin Gilma Madera geschaffene dreihundertzwanzig Tonnen schwere Figur ist angeblich das größte freistehende Werk weiblicher Bildhauerkunst. Enthüllt wurde es jedoch erst am 25. Dezember 1958 – sechs Tage bevor Batista Hals über Kopf das Land verließ.

Über die kurvenreiche, jetzt abschüssige Hauptstraße kommen wir in das Örtchen Casablanca. Eigentlich ist das an einem Abhang erbaute »Dorf der Portale und Balkone«, wie Alejo Carpentier es genannt hat, selbst einen Ausflug wert. Es lohnt, durch die stillen, beschaulichen Gassen des einstigen Fischerorts zu spazieren. Und was Carpentier 1939 schrieb, gilt im wesentlichen bis heute: »Das Dorf endet in der Höhe mit ärmlichen Häusern aus hellem Holz. Aber diese Häuser haben zwei unschätzbare Vorzüge. Eine üppige Vegetation und das Privileg, das ganze Jahr eines der herrlichsten Panoramen der Welt zu überblicken.« An der *Marina Central*, die parallel zum Ufer zur Hafenmole führt, legen die kleinen Fähren nach Havanna ab.

Während der kurzen Überfahrt kommen wir schließlich doch noch in den Genuß, die Skyline mit den Augen Alexander von Humboldts, Alejo Carpentiers und etlicher anderer zu betrachten, die sich der Stadt vom Wasser her näherten.

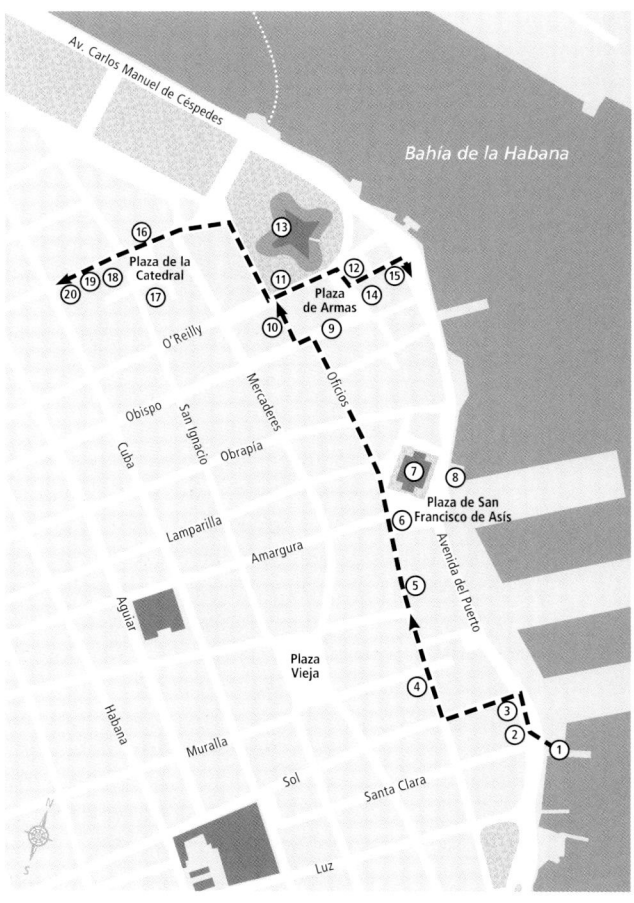

① Muelle de Luz ② Bar Two Brothers ③ Museo del Ron Havana Club ④ Casa Alejandro de Humboldt ⑤ Convento de San Francisco de Asís ⑥ Plaza de San Francisco ⑦ Lonja de Comercio ⑧ Terminal Sierra Maestra ⑨ Plaza de Armas ⑩ Palacio de los Capitanes Generales ⑪ Palacio del Segundo Cabo ⑫ Templete ⑬ Castillo de la Real Fuerza ⑭ Hotel Santa Isabel ⑮ Bar El Templete ⑯ Kathedrale ⑰ Casa Don Luis Chacón ⑱ Restaurante El Patio ⑲ Bodeguita del Medio ⑳ Palacio de la Condesa de la Reunión (Museo Alejo Carpentier)

»Nach Ton rochen die nassen Ziegeldächer«

Zweiter Spaziergang

Habana Vieja zwischen Hafen, Kolonialpalästen
und Kathedrale

Die Fähren aus Casablanca (siehe Erster Spaziergang) oder
Regla, den beiden Orten auf der anderen Seite der Bucht
von Havanna, legen am **Muelle de Luz** an, einer überdachten
Mole an der Avenida del Puerto. Von dieser Stelle am Rand
von Habana Vieja hat man einen ausgezeichneten Blick auf
die Hafenanlagen. Die Umgebung beschreibt Leonardo
Padura in seinem Roman *Das Meer der Illusionen* (1998)
jedoch mehr als nüchtern, wenn er sie durch die Augen seines melancholischen Helden, des Polizeileutnants Mario
Conde, betrachtet: »Die Menschen hier waren die Leidtragenden einer wirklich grausamen städtebaulichen Vernach-
lässigung. Täglich wurden sie aufs Neue deprimiert, wenn
sie auf die Straße hinaustraten und dieses düstere, trostlose
Panorama vor sich sahen, das nichts mit den Landschaften
eines Matisse oder Cézanne und den tropisch-pittoresken
Stühlen und Tischen des Mulatten Wifredo Lam gemein
hatte.« Paduras Roman, der zu dem Zyklus *Das Havanna-
Quartett* gehört, enstand gegen Ende der entbehrungsreichen »Sonderperiode«. Doch mittlerweile sind die Gebäude an der Avenida del Puerto und dahinter fast alle instand
gesetzt worden.
Auch das **Two Brothers** ist in neuem Glanz auferstanden;
das Lokal befindet sich gegenüber dem *Muelle de Luz*, an
der Ecke zur Calle Santa Clara. Auf Paduras Held, dessen
Affinität zum Alkohol im gesamten *Havanna-Quartett* un-
gebrochen bleibt, übt die »legendärste Kneipe des Hafen-

viertels« eine »magische Wirkung« aus: »Der dichte, rum- und rauchgeschwängerte Dunst des Lokals ließ ihn ohne Bedenken in das kühle, einladende Innere der faszinierend schmierigen Bar treten.« Ende des 19. Jahrhunderts von zwei Brüdern aus Spanien gegründet, lockte sie erst amerikanische Seeleute an und wurde in den folgenden Jahrzehnten vor allem von Pauschalreisenden aus den USA frequentiert – während die wohlhabenderen Touristen den *Country Club* am westlichen Stadtrand besuchten. Aber auch Federico García Lorca hatte es auf seinen nächtlichen Streifzügen durch Havanna häufig ins *Two Brothers* gezogen; heute hängt hier ein Foto des spanischen Dichters, der die Stadt 1930 besuchte.

»Es ist nicht die Art von Lokal, wo eine Touristengruppe sich hinverirren würde«, schreibt Antonio José Ponte in seinem politisch-literarischen Essay *Der Ruinenwächter von Havanna* (2007). »Ich war Anfang der Achtziger zum ersten Mal im *Two Brothers*, als es ziemlich heruntergekommen war. Sie verkauften für kubanische Pesos einen abscheulichen Rum, und im Lokal drängelten sich Stauer, Seeleute auf Landgang und Leute von der anderen Seite der Bucht, die noch etwas trinken wollten, bevor sie die Fähre nahmen ... Die Nähe der Hafenlager war der Grund, daß im *Two Brothers* der Schwarzmarkt blühte und die Polizei ein häufiger Gast war.« Zwar sind Pontes Hehler und Paduras »verlorene Seelen« längst verschwunden, und hinter dem langen dunklen Holztresen steht inzwischen eine ordentliche Auswahl kubanischer Rumsorten, die man in konvertiblen Pesos bezahlt, aber jene merkwürdige, vom Hafen hereingetragene Atmosphäre hat sich noch nicht ganz verflüchtigt.

Gleich nebenan steht ein prächtiges Stadtpalais aus dem 18. Jahrhundert mit dem **Museo del Ron Havana Club**. Das Museum widmet sich dem wichtigsten Nebenprodukt, das aus der Verarbeitung der Zuckerrohrpflanze gewonnen wird: dem Rum. Ein Besuch führt über mehrere Etagen des Hauses, wo der gesamte Herstellungsprozeß des kubanischen Exportartikels nachgestellt wird, vom frisch geschnittenen Zuckerrohr bis zu seiner Reifephase in Eichenholzfässern.

Zucker und Tabak, befand der Schriftsteller und Gelehrte Fernando Ortiz, »sind die wichtigsten Personen in der Geschichte Kubas«. Sein literarischer Essay *Tabak und Zucker. Ein kubanischer Disput* erschien 1940, als noch etwa achtzig Prozent des kubanischen Exports mit dem Zucker verbunden waren. Für Ortiz trug der Süßstoff nicht zuletzt zur kulturellen Identitätsbildung Kubas bei: »Der Zucker ist von seiner Herkunft her Mulattin, denn bei seiner Herstellung vermischen sich immer die Energien von Weißen und Schwarzen.« Dabei waren die Schwarzen die Leidtragenden: In der ab Mitte des 18. Jahrhunderts aufstrebenden Zuckerwirtschaft benötigten die expandierenden Plantagen ganze Massen an Sklavenarbeitern aus Afrika. Bis zum ausgehenden 19. Jahrhundert wurden knapp eine Million Afrikaner auf die »Zuckerinsel« verschleppt.

Robert Francis Jameson, ein Bekämpfer des Sklavenhandels, bewunderte 1820 vor der Küste von Havanna zwar noch die Festung *El Morro*, hielt sich aber die Nase zu, als sein Schiff in den Hafen einlief: »Man wird eines unerträglichen Gestanks gewahr, der von den Lagerhallen und dem Stockfisch herrührt, welchen man zur Ernährung der Negersklaven einführt.« Jameson kam in offizieller Mission nach Havanna: Als britischer Marineoffizier und Richter hatte er das Verbot des Sklavenhandels zu überwachen, das einem britisch-spanischen Vertrag zufolge ab dem 30. Mai 1820 in Kraft treten sollte. Über die Stadt der Sklavenhalter schreibt er in seinen Briefen nach England: »Vom Hafen aus gesehen strahlt der Ort etwas Altehrwürdiges aus, was ihm ein großartiges Erscheinungsbild verleiht; das Treiben im Hafen macht ihn recht interessant, die Ahnung von Reichtum und Luxus vermag tief zu beeindrucken. Man hört das Knarren der Kaleschen und die ausufernde Fröhlichkeit auf den Straßen, man betrachtet den eigenartigen, flittergoldenen Glanz, der sich über die tropische Szenerie legt, und vergißt dabei, daß die Stadt ein Festival des Todes ist.« Auch sonst zeichnet Jameson ein insgesamt düsteres Bild von Havanna, einer Stadt, die er durch Überbevölkerung, Sklavenbaracken und Gelbfieber geprägt sah. Wahrscheinlich ahnte der glühende Abolitionist bereits, daß die zwischen England und Spanien ausgehandelten Verträge in Wirklichkeit nutzloses Papier bleiben sollten. Tatsächlich steuerten die letzten Schmuggelschiffe mit Sklaven an Bord noch 1873 den Hafen von Havanna an.

Immerhin hat Jameson in seinen Briefen einen ganzen Katalog von üblen Gerüchen überliefert, die er in der »Vielzahl enger Gassen« ausmachte. Dieser historischen Information hat sich offenbar Alejo Carpentier bedient, um für seinen Roman *Explosion in der Kathedrale* (1962) eine regelrechte Symphonie aus Geruchsnoten zu komponieren. Aber tauchen wir selbst in die schattigen Gassen von Habana Vieja ein, indem wir die verkehrsreiche Uferstraße verlassen. Nach ein paar Schritten durch die Calle Sol treffen wir an der nächsten Ecke auf die Calle Oficios. Hier bekommen wir bereits eine Ahnung vom Aroma der Hafen- und Handelsstadt, das sie laut Carpentier im Jahr 1790 verströmt:

»Kaum war der Wagen in die erste Straße eingebogen, da blieben die Meeresgerüche auch schon hinter ihnen zurück, verdrängt vom Atem weiträumiger Häuser, die angefüllt waren mit Leder, Pökelfleisch, Wachsbroten, schwärzlichen Zuckersorten und Zwiebeln, die seit langem schon lagerten und in ihren dunklen Winkeln Keime trieben dicht beim

grünen Kaffee und dem beim Wiegen verschütteten Kakao. Schellenlärm erfüllte den Nachmittag und begleitete den üblichen Wanderzug der gemolkenen Kühe hinaus zu den Gehegen außerhalb der Stadt. Alles roch kräftig in dieser Stunde kurz vor einer Abenddämmerung, die bald einige Minuten lang den Himmel entzünden würde, ehe sie sich in eine jähe Nacht auflöste: das Holz, das noch nicht recht brennen wollte, und der gestampfte Kuhmist, die feuchte Leinwand der Sonnendächer, das Leder der Sattlerläden und das Futter in den Kanarienkäfigen an den Fenstern. Nach Ton rochen die nassen Ziegeldächer, nach altem Moos die noch feuchten Mauern, nach heißem Öl das Backwerk und die ›armen Ritter‹ der Händler an den Straßenecken, nach Flackerfeuer, im Gewürzviertel, die Kaffeerösttrommeln mit dem trüben Rauch, den sie in heftigen Atemstößen zu den klassisch aufgemachten Simsen hinaufschickten, wo er zwischen Brüstung und Brüstung verweilte, ehe er sich auflöste, gleich einem warmen Nebel, um irgendein Heiligenbild an einem Kirchturm herum. Aber das Rauchfleisch roch ganz zweifellos nach Rauchfleisch; allgegenwärtiges Rauchfleisch, aufbewahrt in allen Kellern und Lagerräumen, Rauchfleisch, dessen scharfer Geruch in der ganzen Stadt herrschte, in alle Paläste, durch alle Vorhänge und sogar in die Opernvorstellungen eindrang und dem Weihrauch der Kirchen trotzte. Das Rauchfleisch, der Schlamm und die Stechmücken waren der Fluch dieses Handelsplatzes, den alle Schiffe der Welt anliefen.«
In der Calle Oficios hätten wir im Dezember 1800 auch Alexander von Humboldt begegnen können. Der befand sich, zusammen mit seinem Freund und Reisegefährten Aimé Bonpland, auf einer Forschungsreise durch Amerika und machte auf Kuba bis zum 15. März 1801 Station. Drei Jahre später sollte er die Insel noch einmal für zwei Monate besuchen. Während dieser beiden Aufenthalte sammelte der

»zweite Entdecker Kubas« Material für seinen *Essay über die Insel Kuba* – die erste umfassende sozioökonomische Studie über das Land, die neben detaillierten Beobachtungen der Natur auch die Kulturgeschichte beinhaltet. Weil Humboldt darin nicht zuletzt das Kolonialsystem und die Sklavenhalterei anprangert, wurde die Übersetzung des erstmals 1826 in Paris erschienenen Werks sogleich vom spanischen Gouverneur auf Kuba verboten.

Die Passagen über Havanna sind – ähnlich wie die betreffenden Stellen in den Briefen von Jameson – ziemlich ernüchternd: »Während meines Aufenthalts boten wenige Städte des spanischen Amerika auf Grund des Fehlens einer guten Verwaltung einen schlimmeren Anblick.« Wie es scheint, hat sich Humboldt regelrecht durch die Straßen kämpfen müssen: »Man versank bis zum Knie im Morast, die Vielzahl der Kaleschen, die in Havanna das typische Fortbewegungsmittel sind, mit Zuckerkisten vollgepackte Wagen und Lastenträger, die Passanten anrempelten, machten das Fußgängerdasein unangenehm und erniedrigend. Der Geruch nach schlecht getrocknetem Fleisch verpestete oft Häuser und unsaubere Straßen.«

Seit 1834 jedoch spaziert man zum Glück über gepflasterte, heute oft verkehrsberuhigte Straßen – zumindest in jenen Vierteln der Altstadt, wo sich Touristen aufhalten. Und die sind womöglich ähnlich überrascht und eingenommen von der Gastfreundlichkeit der Einwohner, wie Humboldt es war. Eine der angesehensten Familien der Stadt, das Geschlecht der Cuesta, hatte dem deutschen Wissenschaftler Quartier gegeben. Und im Haus des großzügigen Conde O'Reilly stellte er seine Sammlung und Instrumente unter. Dort, an der Straßenecke Oficios und Muralla, befindet sich heute die **Casa Alejandro de Humboldt** mit einem bescheidenen Museum. Allerdings stammen die im großen Innenhof aufgestellten Skelette von Pterosaurus und Kritosaurus aus Mexiko; und außer einem Porträt mit der Aufschrift »Vater der kubanischen Geologie« verweist nur eine kleine Sammlung kubanischer Mineralien auf das Wirken Humboldts in der Stadt. Der begab sich drei Wochen nach seiner Ankunft in Havanna ins Obergeschoß des Palastes – »die Terrassen dort waren besonders gut für astronomische Beobachtungen geeignet« – und bestimmte die exakte geographische Position der Stadt: »Ich habe (am 4. Januar 1801) die magnetische Mißweisung in Havanna in der Größenordnung von 6°22′15″ östlich ausgemacht.« Damit bewies Humboldt seine Vermutung, daß die Intensität der erdmagnetischen Kräfte vom Pol zum Äquator eine Verminderung erfährt. Seine auf der Insel zusammengetragene, umfangreiche Pflanzensammlung holte er erst auf der zweiten Kuba-Reise, im März 1804, wieder ab. Bevor er endgültig nach Europa zurückkehrte, wurde Humboldt noch vom Marqués de Someruelos, dem Generalkapitän der Insel, empfangen – eine Art Ritterschlag.

Die *Casa Alejandro de Humboldt* mit ihren drei Geschossen und dem von massiven Säulen umstandenen Innenhof ist ein typisches Beispiel für die Paläste des 18. Jahrhunderts, deren Eigentümer zu der in jener Zeit aufstrebenden Handels- und Zuckeraristokratie gehörten. Diese prächtigen Gebäude bargen nicht nur die hohen Wohnräume im Obergeschoß, sondern auch Kontor, Diensträume und Laden im Untergeschoß. Den klimatischen Unbilden während der Regenzeit hielten sie, wie das Alejo Carpentier in *Explosion in der Kathedrale* vor Augen führt, jedoch nur mit Mühe stand: »Wohl mochten sich die Paläste ihrer herrschaftlichen Säulen und in Stein gehauenen Wappen rühmen – in diesen Monaten standen sie in einem Schlamm, der ihnen am Leib klebte wie ein hoffnungsloses Übel. Fuhr ein Wagen vorüber, spritzte Dreck bündeldick gegen Türeingänge und Fenstergitter aus den Pfützen, die sich überall bildeten, die Bürgersteige unterhöhlten, ineinanderflossen und Seuchen heraufbeschworen.«

Zu denen, die Schlamm und Regenpfützen verdammten, vor allem aber das Gelbfieber fürchteten, gehörte auch Alexander von Humboldt. Daß er selbst von der Krankheit verschont blieb, die er noch dem »Einfluß des Küstenklimas« zuschrieb, ist wahrscheinlich pures Glück gewesen. Erst Ende des 19. Jahrhunderts sollte der kubanische Arzt Carlos Juan Finlay den Nachweis erbringen, daß die Stechmücke, die man in allen Häusern Havannas finden konnte, für die Übertragung des Gelbfiebers verantwortlich ist. Seine Entdeckung verkündete Finlay im ehemaligen Kloster der Augustiner in der Calle Cuba (siehe Dritter Spaziergang).

Der **Convento de San Francisco de Asís** in der Calle Oficios hingegen ist nur ein paar Schritte vom Humboldt-Haus entfernt. Er gehört zu den ersten großen Klöstern der Stadt und zeugt von der mächtigen Stellung, die auch der Klerus im ausgehenden 18. Jahrhundert eingenommen hatte. Havanna war damals – nach Mexiko-Stadt und Lima – zur drittgrößten Stadt des spanischen Kolonialreichs angewachsen. Der von den Franziskanern ursprünglich 1575 begonnene Bau diente nicht nur als klösterliches Refugium; in der angrenzenden Kirche wurden bis zur Eröffnung des ersten Stadtfriedhofs auch Angehörige des Adels bestattet. Allerdings sind die im Kirchenschiff ausgestellten sterblichen Überreste von Hernán Cortés, dem Eroberer des Aztekenreichs, erst im 20. Jahrhundert aus Mexiko überführt worden. Somit ist der Konquistador, der am 18. Februar 1519 vom Cabo de San Antonio, dem westlichsten Punkt Kubas, in Richtung Yucatán aufgebrochen war, wieder zum Ausgangspunkt seiner Expedition zurückgekehrt. Warum seine mehrmals umgebetteten Reste ihre endgültige Ruhestätte ausgerechnet hier gefunden haben, ist unklar. Denn die historisch überlieferten Aussagen über die Gottesfurcht des unbarmherzigen Cortés, zumal aus dem Munde von Franziskanern, sind ebenso widersprüchlich wie die Angaben über seine Haarfarbe.

Vor der Kirche, deren Glockenturm über Jahrhunderte der höchste Punkt Havannas gewesen ist, öffnet sich die weiträumige, elegante **Plaza de San Francisco.** Ihre unmittelbare Nähe zur Hafenbucht und Schiffsanlegestelle hat ihr seit je eine besondere Rolle im Stadtgeschehen verliehen: als Warenumschlagplatz, Markt sowie als Standort für die Gebäude der Stadtregierung. Um einen marmornen Löwenbrunnen flattern Tauben und Möwen, an der Nordseite erhebt sich die gewaltige **Lonja de Comercio.** Für die Handelsbörse 1909 errichtet, verhieß das fünfstöckige Neorenaissance-Gebäude den Bruch mit einem jahrhundertealten Stadtprofil. Von nun an entstanden auf der Ost-West-Achse der Altstadt Dutzende neuer Geschäftshäuser aus Stahlbeton, oft noch im Kolonialstil, die mit ihrer Höhe das gedrungene Bild der Altstadt sprengten.

Die umliegenden teuren Geschäfte und vornehmen Cafés sind für Touristen eingerichtet worden, ihnen soll hier das klassisch-mondäne Ambiente der dreißiger Jahre vor Augen geführt werden. Doch das legendäre Café **La Perla de San Francisco,** das sich an der Ecke zur Calle Oficios befand, gibt es nicht mehr. Schon in den vierziger Jahren ging es bankrott, 1953 wurde es abgerissen.

Dort läßt Ernest Hemingway seinen Roman *Haben und Nichthaben* (1937) beginnen. Kurz nachdem der Alkoholschmuggler Harry Morgan sein Boot vertäut hat und kurz bevor der laute Barbetrieb am Hafen losbricht, heißt es: »Sie wissen ja, wie es früh am Morgen dort in Havanna ist mit den Pennern, die noch an den Mauern der Häuser im Schlaf liegen, selbst ehe noch die Eiswagen mit Eis für die Bars vorbeikommen. Also, wir gingen quer über den

Platz, vom Dock ins Café Pearl of San Francisco, um Kaffee zu trinken, und auf dem Platz war nur ein einziger Bettler wach, und der trank gerade einen Schluck aus dem Brunnen. Aber als wir ins Café reinkamen und uns hinsetzten, waren die drei da und warteten auf uns.« Im nächsten Augenblick springt Morgan hinter die Theke, weil er von einer Schießerei überrascht wird – in jener Zeit, unter der Gewaltherrschaft von Gerardo Machado (1925-33), ein fast alltäglicher Vorfall.

Hemingway selbst war Augenzeuge einer bewaffneten Auseinandersetzung gewesen, am 7. August 1933, während er in der Bucht von Havanna auf das Schiff wartete, das ihn nach Europa und dann zu seiner ersten Safari nach Afrika bringen sollte. Noch im gleichen Jahr begann er die Arbeit am Roman *Haben und Nichthaben*. Darin läßt er den jungen kubanischen Revolutionär Emilio über die Machado-Diktatur herziehen: »Wir wollen mit all den alten Politikern aufräumen, mit dem ganzen amerikanischen Imperialismus, der uns unterdrückt, mit der Tyrannei der Armee. Wir wollen frisch von vorn anfangen und jedem Menschen eine Chance geben.« Doch Harry Morgan, der sein Boot eher aus finanzieller Not denn aus Überzeugung an die Freiheitskämpfer vermietet hat, reagiert darauf trotzig: »Ich habe Durst, dachte Harry. Was zum Teufel noch mal geht mich seine Revolution an? Scheiße, seine Revolution.« In jenen Jahren lebte Hemingway, ebenso wie sein Held Harry Morgan, auf Key West; und wenn er nach Havanna kam, zum Sportfischen, Trinken oder Schreiben, dann stieg er im *Hotel Ambos Mundos* ab (siehe Fünfter Spaziergang). Erst 1940 kaufte er die *Finca Vigía* vor den Toren der Stadt, einen Wohnsitz, den der Schriftsteller bis zu seinem Tod im Juli 1961 behalten sollte (siehe Neunter Spaziergang).

An der östlichen Seite der Plaza de San Francisco führt wieder die Uferstraße vorbei, die Avenida del Puerto. Auf der anderen Straßenseite steht das 1914 erbaute, mit einem Türmchen versehene **Terminal Sierra Maestra**, wo die wenigen Luxusdampfer anlegen, die Havanna auf ihren Kreuzfahrten durch die Karibik ansteuern.

Am 4. Juli 1925 betrat hier der Dichter und Futurist Wladimir Majakowski zum erstenmal kubanischen Boden. In seiner Reisebeschreibung *Meine Entdeckung Amerikas* notiert er: »Bei Tagesanbruch näherten wir uns – gargekocht, gebraten und gebacken – dem weißen Havanna, weiß die Bauwerke, weiß die Bergklippen. Schon legte ein Motorkutter der Zollwache bei uns an, dann kamen Dutzende Boote und kleine Schaluppen, beladen mit den Kartoffeln von Havanna, mit Ananasfrüchten.« Der Georgier befand sich mit sechshundert Passagieren an Bord des französischen Dampfers *Espagne*, der einen vierundzwanzig Stunden dauernden Zwischenhalt in Havanna einlegte, bevor er seine Fahrt nach Veracruz fortsetzte. Majakowskis eigentliches Reiseziel aber waren die USA, wo er eine Reihe von Vorträgen halten wollte. Daß er in Havanna überhaupt an Land gehen konnte, war ein Privileg der Reisenden erster Klasse, zu denen der Dichter gehörte: »Passierscheine erhielten wir ohne weiteres, sogar mit Zustellung in die Kajüte.«

In seinen Notizen zeigt sich Majakowski zunächst enttäuscht, als er die Hafengegend inspiziert: »Hinter dem Lagerhaus liegt das an Hafenplätzen übliche schmutzige Allerlei von Seemannsschenken, Bordellen und Anhäufungen faulenden Obstes.« Doch ein plötzlich niedergehender tropischer Regenguß stimmt den Dichter versöhnlich. Das für ihn völlig ungewohnte Naturspektakel faßt er in ebenso bündige wie geistreiche Worte: »Was ist Regen? Regen ist Luft mit Wasserfäden. Ein Tropenregen jedoch ist nichts als Wasser, allenfalls mit ›Luftfäden‹.« Als sich der Himmel lichtet, macht sich Majakowski auf den Weg über die

Hafenzone hinaus. Er geht zu Fuß nach Westen, erreicht den Prado, streift durchs Villenviertel Vedado und gelangt sogar bis zum *Cementerio de Colón*, dem prächtigen Friedhof. Nach diesem Gewaltmarsch lautet sein Befund: »eine geleckt-saubere Stadt, eine der reichsten Städte der Welt«. Diesen Anschein konnte Havanna 1925 durchaus erwecken. Die Amerikaner kontrollierten fast die gesamte kubanische Wirtschaft, Gerardo Machado war im Mai mit einer kubanischen Variante des New Deal an die Macht gekommen, und die Zuckerpreise auf dem Weltmarkt hatten sich, nach ihrem Einbruch von 1920, einigermaßen erholt. Doch die verarmte, unterbeschäftigte Masse der Landbevölkerung besaß kein Land und strömte in die Elendsviertel am Stadtrand. Unter der glänzenden Oberfläche brodelte es.

Majakowskis sozialkritischem Blick scheint das nicht entgangen zu sein. Sein Gedicht *Black and White* beklagt das Schicksal eines schwarzen Straßenkehrers namens Billy, der den Zigarrenkönig Henry Clay fragt, warum nur die Schwarzen und nicht auch die Weißen den Zucker gewinnen müssen. Als Antwort auf die aufmüpfige Frage erhält Billy eine Tracht Prügel. Und Majakowski kommt in seinen treppenartig angelegten Verszeilen zu dem Schluß:

> Auf Havanna
>   ist alles
>   sortiert und erlesen:
> dem Weißen die Dollars,
>   dem Schwarzen der Stock.

Fast genau fünf Jahre nach Majakowskis Blitzbesuch spazierte der spanische Dichter Federico García Lorca aus dem Passagierterminal. Zuvor hatte er einige Monate in New York verbracht, am 4. März 1930 den Zug von Manhattan nach Tampa genommen und sich dort auf dem amerikanischen Dampfer *Cuba* eingeschifft. Als das Schiff am 7. März im Hafen von Havanna anlegte, war Lorca – gefühlsmäßig stets aufs engste mit seiner andalusischen Heimat verbunden – freudig überrascht: »Aber was ist das? Wieder Spanien? Das Gelb von Cádiz, nur einen Ton greller, Sevillas Rosa, das fast zu Kaminrot wird, und das granadinische Grün, das leicht phosphoresziert wie ein Fisch; La Habana taucht hinter Zuckerrohrpflanzungen auf, im Klang von Rumbakugeln, Muschelkörnern und Marimbas. Und da kommen die Schwarzen mit ihren Rhythmen, deren Herkunft aus unserem großen Andalusien ich plötzlich entdecke – freundliche, unbeschwerte Schwarze, die die Augen verdrehen und sagen: ›Wir sind Latinos ...‹«

Anders als im Fall Majakowskis, der erst kurz nach seinem Tod im Juli 1930 auch in Kuba bekannt wurde, hatten die Zeitungen in Havanna die Ankunft Lorcas bereits angekündigt. Hier war der Name des Dichters, vor allem durch seine 1928 veröffentlichten *Zigeuner-Romanzen*, zumindest jenen Kreisen geläufig, die sich der literarischen Moderne gegenüber aufgeschlossen zeigten. Eingeladen von der *Institución Hispano-Cubana*, der damals Fernando Ortiz vorsaß, hielt Lorca in Havanna Vorträge über Literatur, las aus eigenen Werken und nahm an literarischen Treffen teil. Durch Ortiz, der größten Autorität auf dem Gebiet afrokubanischer Kultur, erfuhr Lorca nicht nur von den verschiedenen Mischreligionen afrikanischen Ursprungs, sondern lernte auch den gerade in Mode gekommenen Rhythmus des Son cubano kennen. Seinen dreimonatigen Aufenthalt genoß der Einunddreißigjährige in vollen Zügen. Er arbeitete an seinem Theaterstück *Das Publikum*, stürzte sich ins quirlige Nachtleben, hatte Affären, begann eine Beziehung zu einem jüngeren Mulatten namens Lamadrid und unternahm schließlich eine Reise nach Santiago de

Cuba. Am 4. April 1930 schreibt er begeistert an seine Eltern: »Diese Insel ist ein Paradies. Wenn ich je als vermißt gemeldet werde, sollte man mich entweder in Andalusien oder auf Kuba suchen.« In Havanna jedenfalls werden wir noch auf manche Spuren des Dichters stoßen.

Einstweilen folgen wir der Calle Oficios. Nachdem wir die Plaza de San Francisco hinter uns gelassen haben, könnten wir jetzt in die Calle Lamparilla abbiegen und nach dem Geschäft für Staubsauger Ausschau halten, das James Wormold in *Unser Mann in Havanna* betreibt. In Graham Greenes Roman von 1958 befindet sich der Laden in der Calle Lamparilla 37. Und es gibt einen Hinweis darauf, daß die Plaza de San Francisco ganz in der Nähe gelegen haben muß. Denn als sich der zunächst als Kunde getarnte britische Agent Hawthorne verabschiedet hat, sieht ihm Wormold hinterher: »Auf dem Platz oberhalb der Lamparillastraße verschluckten ihn die Zuhälter und Lotterieverkäufer der Mittagszeit in Havanna.« Natürlich führt jede Suche nach dem Geschäft zwangsläufig in die Irre. Denn gerade auf der Idee eines Staubsaugergeschäfts in Havanna beruht ja ein zentraler Witz des Romans: Teppiche sind in der Stadt wegen des tropischen Klimas nicht üblich. Aus diesem simplen Grund gelingt es Wormold auch nicht, seine Ware zu verkaufen.

Um trotzdem zu Geld zu kommen, vor allem um den kostspieligen Lebensstil seiner heranwachsenden Tochter Milly finanzieren zu können, läßt sich Wormold vom britischen Auslandsgeheimdienst MI-6 anwerben. Er soll ein lokales Agentennetz aufbauen und London Berichte über die Lage in Kuba liefern. Wormold zeigt sich in seiner Not erfinderisch, gewinnt fiktive Spione, deren Namen er im *Country Club* ausfindig macht und für die er üppige Spesen bezieht. Als die realen Namensträger jedoch eines gewaltsamen Todes sterben, wird die Fiktion plötzlich von der Wirklichkeit überholt. Unterdessen übermittelt Wormold seinen Führungsoffizieren in England die Skizze eines angeblich neu entwickelten, geheimen Waffensystems, das diese stark beeindruckt. Hätten sie genauer hingeschaut, dann wäre ihnen aufgefallen, daß es sich bei der Skizze um die vergrößerte Bauzeichnung eines Staubsaugermodells handelt.

Daß sich Greene mit dieser Satire lediglich auf Kosten seines ehemaligen Arbeitgebers amüsieren wollte, ist unwahrscheinlich. Sicherlich hatte der Schriftsteller während seiner Agentenkarriere im Zweiten Weltkrieg – im März 1943 kam er zum militärischen Abwehrdienst SIS, danach ging er für den MI-6 nach Afrika – unter der Inkompetenz mancher Vorgesetzten zu leiden. Doch als Greene zwischen 1957 und 1959 mehrmals nach Havanna reiste, um dort seinen Roman zu schreiben und später dessen Verfilmung vorzubereiten, war der MI-6 über diese Besuche bestens informiert. Sogar mit dem Foreign Office hatte Greene sich abgesprochen. In Zeitungsartikeln kritisierte er zwar die britische Regierung, schmähte das korrupte Regime Batistas, lobte anschließend die neue Regierung unter Castro und zog gegen die der Revolution feindlich gesinnte Politik der USA zu Felde. Gleichzeitig aber schickte er dem britischen Geheimdienst Berichte über die angespannte Situation in Kuba. Wenn also Greene den MI-6 mit der Veröffentlichung von *Unser Mann in Havanna* wirklich hätte lächerlich machen wollen, dann wäre das allenfalls eine nützliche Tarnung für den Notfall gewesen – als Desinformation ebenso ausgeklügelt wie die Handlung des Romans, in dem die Wirklichkeit der Phantasie hinterherjagt.

Die Calle Oficios, benannt nach den Handwerkern, die hier einst ihre Werkstätten hatten, war eine der ersten gepflasterten Straßen Havannas und mündet schließlich auf die **Plaza de Armas**, den ältesten Platz der Stadt. Zusammen mit den umliegenden Straßen wirkt er durch die restau-

Im Schatten der Kolonialpaläste: Bücherstände auf der Plaza de Armas.

rierten Adelspaläste, die teuren Restaurants, historischen Hotels und erlesenen Geschäfte wie ein Freiluftmuseum, durch das Scharen kaufkräftiger Touristen ziehen.

Die Plaza de Armas diente bis ins 18. Jahrhundert den spanischen Garnisonen als Exerzierplatz, dann entwickelte sie sich zum Zentrum der politischen Macht. Im **Palacio de los Capitanes Generales** (1791) an der Westseite des Platzes residierten insgesamt fünfundsechzig spanische Gouverneure; einer von ihnen, Miguel Tacón, ließ das Pflaster vor dem Palast durch Holzbohlen ersetzen, um am Schreibtisch und während der Siesta nicht allzusehr durch das Hufgeklapper gestört zu werden. Nachdem Spanien 1898 seine Kolonie verloren hatte, richteten sich im Palast die Vertreter der US-Regierung ein, ihnen folgten die ersten kubanischen Präsidenten der 1902 gegründeten Republik, bis 1920 ein neuer Präsidentenpalast eingeweiht wurde (siehe Vierter

Spaziergang). Heute ist in dem prunkvollen, hochbarocken Bau das Stadtmuseum untergebracht; in zwei Etagen gruppieren sich achtundvierzig Säle um einen tropisch bepflanzten Innenhof.

Die üppigen Lorbeerbäume spenden dem zuletzt 1935 umgestalteten Platz reichlich Schatten und schaffen ein angenehmes Mikroklima, das zum Verweilen auf den Bänken einlädt. In der Mitte strahlt die Statue des Freiheitshelden Carlos Manuel de Céspedes souveräne Ruhe aus, an der Südseite befinden sich Cafés und kleine Restaurants, an denen abends Gitarrentrios vorbeiziehen. Tagsüber ist der Platz von antiquarischen Bücherständen umstellt, deren Angebot jedoch kaum über devotionale Schriften zur Revolution, Romane von Ernest Hemingway oder Abhandlungen über afrokubanische Religion hinausgeht. Etwas bissiger formuliert es Leonardo Padura in seinem Roman *Der Nebel von gestern* (2005): »Die Horden ausländischer Touristen, wissensdurstig die einen, die anderen gelangweilt von der Verpflichtung, in ein programmiertes Historienbad einzutauchen, beginnen oder beenden ihren Rundgang für gewöhnlich hier auf diesem Platz, der früher einmal das Zentrum Havannas war. Die Buchhändler sehen in ihnen potenzielle, allerdings auch zögerliche Kunden; denn die Erfahrung hat gezeigt, dass sie nur mit größter Mühe und viel Überzeugungskraft zum Kauf eines der angebotenen Bücher bewegt werden können, die normalerweise von keinem großen historischen oder bibliografischen Wert sind.«

Daß freilich weder Padura noch etliche andere kritische zeitgenössische Autoren Kubas auf den bescheidenen Bücherständen vertreten sind, wundert kaum. Denn über Produktion und Vertrieb eines jeden Buches wacht der staatliche *Instituto Cubano del Libro*, der seinen Sitz im historischen **Palacio del Segundo Cabo** (1772) an der Nordseite des Platzes hat. Der elegante Palast war zunächst Residenz des Vizegouverneurs, später beherbergte er so unterschiedliche Einrichtungen wie die Intendantur, das Rechnungsamt des Heeres und das Postwesen; in den ersten Jahren der Republik saßen hier nacheinander der Senat, der Oberste Gerichtshof, die Akademie für Geschichte und die Akademie der Künste.

Der *Instituto Cubano del Libro* organisiert die jährliche Buchmesse auf der Festung *La Cabaña* und betreibt die *Agencia Literaria Latinoamericana*, eine Agentur, die die Rechte kubanischer Autoren vertritt, sich die Nutzungsrechte aber auch von ausländischen Schriftstellern übertragen läßt. In jüngster Zeit haben die Nobelpreisträger Gabriel García Márquez, José Saramago und Günter Grass ihre Rechte sogar kostenlos an das kubanische Institut abgetreten. Der deutsche Schriftsteller übrigens, dessen *Blechtrommel* seit 1989 auf Kuba erhältlich ist, wurde hier am 2. März 1993 mit einer Lesung aus seinem Drama *Hochwasser* geehrt. Grass befand sich auf einer Privatreise und signierte im Palast Exemplare der kubanischen Ausgabe.

Durch ihre offenen Portale und Kolonnaden im Untergeschoß verleihen die beiden Barockpaläste der historischen Plaza de Armas eine eindrucksvolle Kulisse. Architektonisch haben sie eine Entwicklung eingeleitet, die sich im 19. Jahrhundert auch in zahllosen anderen Gebäuden fortsetzte: Öffentliche Säulengänge, die Schutz vor den im Sommer häufigen Wolkenbrüchen und der intensiven Sonnenstrahlung bieten. Darin hat Alejo Carpentier »eine der seltsamsten Konstanten des Stils von Havanna« ausgemacht. In seinem Essay *Die Stadt der Säulen* (1964) bestaunt er »die unglaubliche Fülle von Säulen in einer Stadt, die ein wahrer Säulenstapelplatz, ein Säulenurwald, eine endlose Kolonnade geworden ist, die letzte Stadt, die Säulen in einer solchen Überfülle besitzt.«

Auch im **Templete** an der Ostseite des Platzes finden wir – dorische – Säulen. An der Stelle, wo das 1828 errichtete klassizistische Tempelchen steht, soll die erste Messe der 1519 gegründeten Stadt San Cristóbal de La Habana gelesen worden sein: unter einem dichtbelaubten Kapokbaum. Der heutige Baum im Gärtchen davor wurde 1754 gepflanzt, um den ursprünglichen zu ersetzen. Jeden 15. November um Mitternacht – dem angeblichen Datum der Stadtgründung – findet hier eine Zeremonie statt, bei der die Teilnehmer schweigend dreimal den Baum umrunden, auf daß langgehegte Wünsche in Erfüllung gehen.

Links vom *Templete* erhebt sich, hinter einem Wassergraben, in perfekter Symmetrie der **Castillo de la Real Fuerza**, dessen spitzwinkliger Bau und runde Wehrtürme auf das 16. Jahrhundert zurückgehen. Die unmittelbar an der Hafeneinfahrt gelegene Burg war die erste Festung der Stadt; sie sollte den Bürgern Schutz vor Piratenüberfällen geben und diente den spanischen Gouverneuren über zweihundert Jahre lang als Residenz. Den nordöstlichen Turm krönt die *Giraldilla*, eine bronzene Wetterfahne von 1634, die zu einem Wahrzeichen Havannas geworden ist. Sie stellt Isabel de Bobadilla dar, die mit dem Kreuz des Calatrava-Ritterordens in der Hand nach ihrem Gatten Ausschau hält, dem Gouverneur Hernando de Soto. Der war, nachdem er den Bau der Festung in Auftrag gegeben hatte, im Mai 1539 zu einer Expedition nach Florida aufgebrochen – und von dort nicht mehr zurückgekehrt. Heute ziert die Figur der hoffnungsvoll-treuen Sevillanerin auch das Flaschenetikett der Rummarke *Havana Club*.

Einen guten Rum, sei es pur, als Longdrink oder Cocktail, könnten wir uns jetzt an zwei Orten ganz in der Nähe genehmigen.

Das an der südöstlichen Ecke der Plaza de Armas gelegene **Hotel Santa Isabel** bietet auf seiner Dachterrasse nicht nur eine Bar, sondern von dort auch einen herrlichen Ausblick auf den Platz und die Hafeneinfahrt; besonders stimmungsvoll ist er am späten Nachmittag. Ursprünglich war das Gebäude aus dem 18. Jahrhundert der Palast des lebenslustigen Conde de Santovenia, 1867 eröffnete hier eines der ersten Hotels der Stadt.

Die **Bar El Templete** erreichen wir, wenn wir der winzigen Calle Narciso López an der Südseite des Tempelchens bis zum Ende folgen. Das 2004 wiedereröffnete Lokal, zu dem heute ein baskisches Restaurant gehört, liegt an der Uferstraße und erinnert an das Ambiente der gleichnamigen, in den dreißiger Jahren legendären Bar. Hier hätten wir Federico García Lorca antreffen können, der zusammen mit den Geschwistern der Dichterfamilie Loynaz durchs Nachtleben streifte (siehe Achter Spaziergang). Die introvertierte Dulce María Loynaz, Kubas bedeutendste Lyrikerin, blieb damals allerdings zu Hause. Von ihr wissen wir, daß Lorca dem Rum ein anderes Getränk vorzog: »Nachts fuhren sie mit dem Wagen von Carlos Manuel oder Flor durch die Außenbezirke oder die Altstadt zu den Hafenkneipen; wie mir meine Schwester erzählte, endete das Vergnügen fast jedesmal bei Tagesanbruch. Wenn sie in Cafés wie dem Bengochea, dem Templete oder dem Florida saßen, sagte mir Flor, dann tranken meine Geschwister Rum oder Bier, während der Dichter sich strikt an seinen Whisky Soda hielt und dazu ein wenig Mortadella aß.«

Von der afrokubanischen Musik hingegen, die nicht nur in der *Bar El Templete*, sondern in nahezu allen Lokalen der Stadt zu hören war, ließ sich Lorca durchaus begeistern. Bereits in New York hatte es ihm der Jazz angetan, seine Besuche in den Clubs der Schwarzen inspirierten ihn zu der *Ode auf den König von Harlem*. Nun traf er in Havanna auf den Son cubano – ein Tanzlied, das mit seiner

Mischung aus afrikanischen Polyrhythmen und melancholischen Weisen spanischstämmiger Bauern gerade die Stadt erobert hatte. Lorca freundete sich mit den besten Soneros an, versuchte sich auf deren Perkussionsinstrumenten und hatte bald selbst den komplizierten Rhythmus im Blut. Davon zeugt das einzige Gedicht, das Lorca – während einer Reise nach Santiago de Cuba – auf der Insel geschrieben hat. *Son de negros en Cuba* (in der deutschen Übersetzung »Negersong in Kuba«), ein wehmütiger Lobgesang auf Land und Leute, imitiert den Son cubano durch einen Kehrreim, wie er für die vom Chor ausgestoßenen Refrains typisch ist. Hier die letzten Zeilen:

O Kuba! O Rhythmus trockener Samen!
Geh ich nach Santiago.
O heißer Gürtel und Tropfen von Holz!
Geh ich nach Santiago.
Lebendiger Stämme Harfe, Tabakblüte, Kaiman!
Geh ich nach Santiago.
Ich sagte immer, ich geh nach Santiago.

Leider konnte Lorca den für die Kubaner »größten Sonero aller Zeiten« nicht mehr kennenlernen, der in der *Bar El Templete* seinen Durchbruch erlebte: Benny Moré. Der 1919 im Zentrum der Insel bei Cienfuegos geborene »wunderbare Mulatte« war mit einundzwanzig Jahren nach Havanna gekommen, wo er sein Glück als Sänger versuchte. Seine Stimme war frisch, nasal und sinnlich, sie besaß das markante Timbre eines schwarzen Bauern und die Würze von Tabak und Rum. Doch zu jener Zeit, da die Engagements für Tanzveranstaltungen rar und für begabte, aber unbekannte Musiker ebenso schlecht bezahlt waren wie gelegentliche Auftritte im Radio, mußte Moré sich auf der Straße durchschlagen. Das änderte sich, als er Anfang 1944 für kurze Zeit vor den Gästen der *Bar El Templete* sang: Hier entdeckte ihn ein Mitglied des erfolgreichen Trío Matamoros. Moré wurde in die Band aufgenommen, ein Jahr später ging es in größerer Besetzung auf Tournee nach Mexiko. Nach einem Zwischenspiel im Orchester von Dámaso Pérez Prado, dem späteren »Mambo King«, gründete Benny Moré seine eigene Formation, die Banda Gigante, und gab dem Son einen mächtigen, urbanen Sound. Anfang der fünfziger Jahre hatte er das Publikum in Kuba bereits erobert, und das Fernsehen stilisierte ihn zum Showmaster des Son. Seine Big Band spielte aber auch rasanten Mambo, Cha-Cha-Cha oder gefühlvollen Bolero, sie lieferte donnernde Perkussion, schrille, vom Jazz beeinflußte Bläsersätze und quirlige Klaviereinlagen; Moré selbst gab auf der Bühne Hahnenschreie von sich und beeindruckte mit gewagten Tanzschritten. Dennoch blieb der innovative, ungezügelte »Barbar des Rhythmus« seinen ländlichen Wurzeln treu; er galt als außerordentlich aufrichtig, und die von tropischer Schwermut beseelten Balladen sang er aus vollem Herzen. Moré, der keine Noten lesen konnte und im Alter von zwölf Jahren die Schule hatte verlassen müssen, um Zuckerrohr zu schneiden, verkörperte im hochmusikalischen Kuba die Erfolgsgeschichte des einfachen Mannes. Seine Popularität und sein ungeheurer Schaffensdrang hatten den spilligen Musiker jedoch in die Alkoholabhängigkeit getrieben. Im Februar 1963 starb Benny Moré in Havanna an einer Leberzirrhose. »Die Götter«, rief ihm der Dichter Nicolás Guillén nach, »sterben jung.«

Wenn wir nun über die Plaza de Armas zurückgehen, dann rechts in die Calle Tacón biegen, vorbei an den westlichen Mauern des *Castillo de la Real Fuerza* und einigen farbenfrohen Kolonialpalästen mit hölzernen Balkonen, treffen wir links auf die Calle Empedrado. Sie führt uns auf die kopfsteingepflasterte **Plaza de la Catedral**.

Eine »Symphonie in Stein« hat Alejo Carpentier die geschwungene, durch Schnörkel und Sprenggiebel sanft gegliederte Fassade der Kathedrale genannt. Der 1786 vollendete Bau war zuvor eine Jesuitenkirche gewesen. Erst 1789, nach der Vertreibung des Ordens aus Kuba und nachdem Havanna eine eigene Diözese zugesprochen bekommen hatte, weihte man die Kirche zur Kathedrale.

Um den Platz setzt sich die barocke Komposition mit arkadengeschmückten Kolonialbauten fort. Gegenüber der Kathedrale steht das älteste Gebäude, die **Casa Don Luis Chacón**. Der schlichte Palast wurde 1720 für den spanischen Gouverneur errichtet und beherbergt heute das Museum für Kolonialkunst; die Räume gewähren einen atmosphärischen Einblick in den Luxus der historischen Elite und besitzen im Obergeschoß die für Havannas Adelspaläste typischen bunten Halbbogenfenster.

Solche Fenster begreift Carpentier in *Die Stadt der Säulen* als kubanische Variante von Le Corbusiers *brise-soleil*, die allerdings die Sonne nicht abweisen oder splittern, sondern einen »Dialog« mit ihr herstellen sollen: »Es mußte im Haus ein riesiger Glasfächer angebracht werden, der die blitzenden Impulse brach und dadurch, daß er das allzu Gelbe, das allzu Goldene des feurigen Gestirns durch ein dunkles Blau, ein Wassergrün, ein mildtätiges Orange, ein Granatrot, ein opalisierendes Weiß schickte, dem von so viel Sonnenglanz und -abglanz verfolgten Wesen Ruhe verschaffte.«

Bevor das Museum in die *Casa Don Luis Chacón* einzog, hatte hier der Rumhersteller *Havana Club* seinen Firmensitz. Im Obergeschoß befand sich eine Bar gleichen Namens, die ein wichtiger Schauplatz in *Unser Mann in Havanna* ist. »Im Havanna Club, der überhaupt kein Club war und dem Konkurrenten Bacardis gehörte, waren alle Rumdrinks gratis ... Die Bar lag im ersten Stock eines Hauses aus dem siebzehnten Jahrhundert, und die Fenster gingen auf die Kathedrale hinaus.« Greene, der sich übrigens in der Datierung des historischen Gebäudes irrt, dürfte einer der letzten gewesen sein, die die 1935 gegründete *Havana Club Bar* betreten haben. Denn Ende der fünfziger Jahre ging die Firma in Konkurs; erst nach der Revolution führte die kubanische Regierung die Marke wieder ein und entwickelte sie zu einem Exportschlager.

In der *Havana Club Bar* läßt Greene seinen Helden Wormold mit Hauptmann Segura eine Partie Dame spielen. »Sie bestellten noch einen kostenlosen Daiquiri, so eiskalt, daß die Nebenhöhlen weh taten, wenn man ihn nicht in winzigen Tropfen trank.« Segura besitzt ein »Zigarettenetui aus Menschenhaut« und philosophiert beim Damespiel über »folterbare Klassen«. Greene beschreibt ihn knapp und deutlich: »Er sah aus wie eine sorgfältig gepflegte Waffe.«

Das reale Vorbild für diese Figur war der berüchtigte Folterer Esteban Ventura, der stets weiße, makellose Drillichanzüge trug und als Polizeichef in der Gewaltherrschaft von Batista eine wesentliche Rolle spielte. Nach der Revolution gelang ihm die Flucht nach Miami, wo er eine Sicherheitsfirma gründete, seine Memoiren schrieb und 2001 im Alter von siebenundachtzig Jahren unbehelligt starb. Graham Greene wußte um die Gefährlichkeit des Hauptmanns nicht nur aus den Zeitungen. Seine kubanischen Freunde gehörten der Mittelschicht an, die Fidel Castro unterstützte. Außerdem war Greene 1957 auf einer Party in Havanna einer jungen, von Venturas Schergen mißhandelten Widerstandskämpferin begegnet. Als der Schriftsteller kurz darauf nach Santiago de Cuba flog, versteckte er in seinem Gepäck Winterkleidung für die in den Bergen operierenden Rebellen und traf sich zur Übergabe mit Anführern der Stadtguerilla. Greene hatte also eindeutig Position bezogen – und zugleich die ursprüngliche Fassung seines Ro-

Die hochbarocke Kathedrale von Havanna: »Eine Symphonie in Stein«.

mans verworfen, der während der dreißiger Jahre im Balti-
kum hatte spielen sollen. In einem Brief schreibt er 1988:
»Der Grund, warum ich für *Unser Mann in Havanna* den
Schauplatz von Estland nach Kuba verlegt habe, bestand
darin, daß man wohl kaum mit der Hauptfigur sympathi-
sieren konnte, wenn diese in Hitlers Krieg involviert gewesen wäre. Kuba kannte ich bereits, und meine Sympathien
lagen bei den Anhängern Fidels in den Bergen.«

Als die Partie Dame zwischen Wormold und Hauptmann
Segura beendet ist, beschreibt Greene vier »nicht folterbare«
Touristen, die die Bar verlassen, »sie waren rot im Gesicht
und fröhlich und hegten die Illusion, ihre Drinks hätten
sie nichts gekostet.« Heute könnte man sie gegenüber in
der **Casa del Marqués de Aguas Claras** sitzen sehen, wo sich
das Restaurant *El Patio* mit einer hübschen Terrasse auf
dem Platz vor der Kathedrale eingerichtet hat.

Die meisten Touristen aber zieht es eine Straßenecke weiter. In der Calle Empedrado liegt die **Bodeguita del Medio,** wo Ernest Hemingway angeblich Stammgast war. »Meinen Daiquirí im *Floridita*, meinen Mojito in der *Bodeguita*«, soll er gesagt haben. Ob der Amerikaner in dem wenig gemütlichen, von drei Künstler- und Schriftstellergenerationen frequentierten Lokal tatsächlich verkehrt hat, ist allerdings nicht belegt. Zwischen zahllosen Fotos und Unterschriften illustrer und weniger berühmter Gäste an den Wänden hängt auch ein Bild von Hemingway, umgeben von Freunden. Das Foto ist jedoch in einer der Bars der Île de France entstanden, als der Schriftsteller 1954 von seiner zweiten Afrika-Safari nach Havanna zurückschiffte. Die heute in der *Bodeguita* lieblos servierten, verwässerten Mojitos hätte er wohl verschmäht, außerdem mochte er keinen Zucker in seinen Drinks. An Hemingways verbürgten Trinkstätten werden wir indessen noch vorbeikommen (siehe Fünfter Spaziergang).

Nur ein paar Schritte weiter steht der **Palacio de la Condesa de la Reunión,** heute Sitz der – nicht sehr aktiven – Stiftung Alejo Carpentier mit einem kleinen Museum. Der Besucher, so schreibt Carpentier selbst, »wird einen geräumigen Patio entdecken mit Arkaden und majestätischen Säulen. Zu den Bogengängen führt eine monumentale Marmortreppe, die von einem Rundbogenfenster aus buntem Glas erleuchtet wird. In den oberen Stockwerken liegen die Gemächer mit den Wandschirmen und Fensterluken, wo einst die vornehmsten Adelsfamilien der Stadt wohnten. Ganz hinten im Haus befinden sich noch die alten Pferdeställe, die an die Zeit der Kaleschen und Zweispänner erinnern.«

Diesen Palast, 1780 für einen der ersten kubanischen Sklavenhändler erbaut, hat Carpentier als Vorbild für seinen historischen Roman *Explosion in der Kathedrale* genommen, der um das Jahr 1790 beginnt. Hier wohnen nach dem

Tod ihres Vaters, eines reichen spanischen Kaufmanns, die vom väterlichen Prokuristen behüteten Geschwister Carlos und Sofia, zusammen mit ihrem Vetter Esteban. Sie machen die Nacht zum Tag, vertreiben sich die Zeit mit Patiencen, der Lektüre von Romanen oder dem Bau von Kartenhäusern. »Sie lebten in ihrem eigenen Kreis, vergessen von der Stadt, unbeachtet von der Welt und erfuhren nur beiläufig, was draußen geschah.« Bei der Schilderung dieser Binnenwelt hatte Carpentier die Geschwister der Dichterfamilie Loynaz im Visier, mit denen er Ende der zwanziger Jahre verkehrte: »Sie lebten in der Welt der ›enfants terribles‹ von Cocteau oder in der Welt, die ich andeutungsweise zu Beginn meines Romans *Explosion in der Kathedrale* zu schildern versuchte.« Ihnen werden wir im Stadtteil Vedado begegnen (siehe Achter Spaziergang).

Heute erinnert der heruntergekommene *Palacio de la Condesa de la Reunión* eher an ein Gebäude, über das gerade ein Hurrikan hinweggefegt ist. Weil auch Carpentier dieses Naturereignis in seinem Roman beschreibt – »ein seitliches Dach des Hauses ließ seine Ziegel wie ein Kartenspiel auf den Boden des Patios rutschen« –, strahlt der desolate Zustand sogar etwas von der Aura des literarischen Schauplatzes aus. Und hier finden wir – in einer Vitrine ausgestellt – die letzte Schreibmaschine des großen Romanciers.

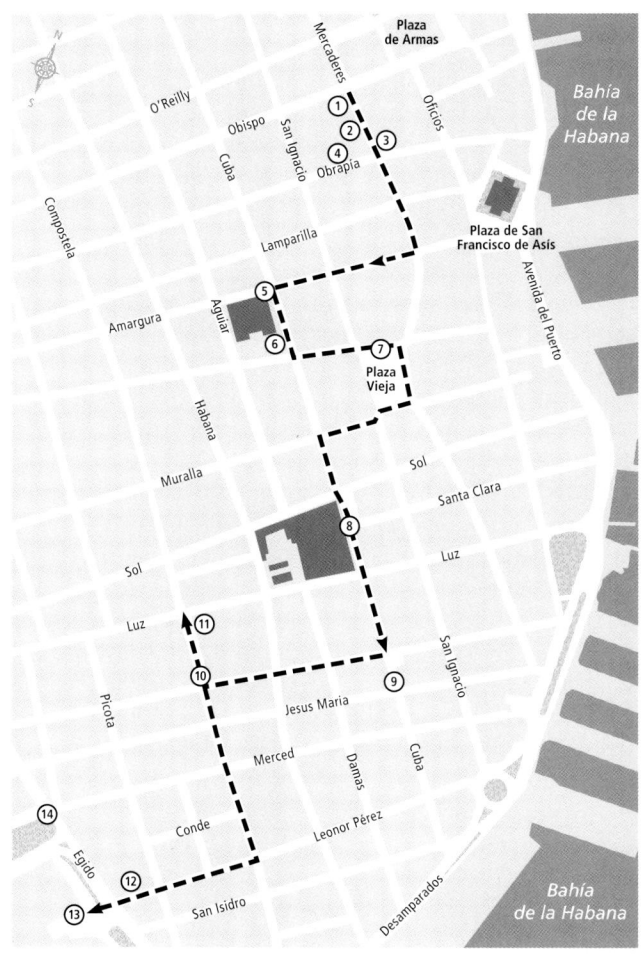

① Hotel Ambos Mundos ② Maqueta de La Habana Vieja ③ Casa de Benito Suárez ④ Casa de Obrapía ⑤ Iglesia de San Francisco el Nuevo ⑥ Museo Carlos J. Finlay ⑦ Plaza Vieja ⑧ Convento de Santa Clara ⑨ Iglesia del Espíritu Santo ⑩ Convento de Belén ⑪ Solar ⑫ Casa Natal de José Martí ⑬ Estación Central (Bahnhof) ⑭ Reste der historischen Stadtmauer

»Sie erstreben den Einsturz mit allen Mitteln«

Dritter Spaziergang

Händlergassen, Konvente, *Barbacoas*:
Habana Vieja zwischen Verfall und Sanierung

Zitronengelb, Grasgrün, Himmelblau, Türkis oder Rosa – es scheint, als hätten die Restauratoren in der östlichen Altstadt die bunten Halbbogenfenster mancher Kolonialpaläste vor Augen gehabt, als sie den historischen Fassaden einen neuen Anstrich verpaßten.

In der Calle Mercaderes kommt die fröhliche Farbpalette besonders zur Geltung. An der Ecke zur Calle Obispo steht das lachsfarbene **Hotel Ambos Mundos,** in dem Ernest Hemingway während der dreißiger Jahre abstieg (siehe Fünfter Spaziergang). Ein paar Schritte weiter läßt sich die Altstadt aus der Vogelperspektive betrachten: Die **Maqueta de La Habana Vieja,** ausgestellt in einem azurblauen Palast aus dem 18. Jahrhundert, ist ein verblüffend detailgenaues Modell im Maßstab 1:500. Es zeigt die 242 Häuserblocks und 3500 Gebäude innerhalb der ehemaligen Stadtmauern und läßt das königlich angeordnete Schachbrettmuster der Straßen erkennen.

In der engen Calle Mercaderes, wo einst Zugtiere, Karren und Kavallerie Fußgänger wie Alexander von Humboldt in Bedrängnis brachten, saß die städtische Kaufmannschaft. Dazu gehörten im 18. Jahrhundert die mächtigen Groß- und Fernhandelskaufleute, die sich ab 1740 in der Königlichen Handelsgesellschaft organisierten, aber auch fahrende Händler und Krämer. Hinter den Pulten der Ladenbesitzer lagerten die Waren aus dem ganzen spanischen Kolonialreich – von kastilischem Rotwein über Veracruzpfeffer bis hin zu andinen Decken und Seide von den Philippinen.

In jener Epoche des weitgespannten Binnenhandels hatte Havanna jedoch nicht nur gefüllte Warenlager aufzubieten, sondern auch etliche Sinnesfreuden. »Die Fremden«, schreibt Alejo Carpentier in *Explosion in der Kathedrale*, »rühmten die Farbe und Anmut der Stadt, nachdem sie drei Tage in ihren Tanzsälen, Gasthöfen und Spielhöllen zugebracht hatten, wo zahllose Orchester die mit Geld großzügig umgehenden Seeleute aufpeitschten, daß sie am Hüftenschwingen der Frauen Feuer fingen.«

Heute reihen sich in der akkurat gepflasterten, verkehrsberuhigten Calle Mercaderes Museen, Boutiquen, Cafés, Kunstgalerien und Hotels aneinander, die in historischen, aufwendig restaurierten Gebäuden untergebracht sind. Das offensichtlich für betuchte Touristen inszenierte Ambiente beschreibt Hans Christoph Buch in seiner Erzählung *Tod in Habana* (2007) mit düsteren Worten: »Die ganze Stadt war ein einziges Museum, eine Nekropole, in der kein Platz mehr frei war für die Bedürfnisse der Lebenden.«

Buchs schonungslosem Blick entgeht nämlich nicht, wie es um die Sanierung von Habana Vieja tatsächlich steht. Anlaß zur Instandsetzung der überwiegend baufälligen Altstadt war zunächst deren Ernennung zum Weltkulturerbe im Jahr 1982. Wegen der chronischen Finanzkrise des kubanischen Staates trat jedoch erst im Dezember 1994 ein »Masterplan zur Integrativen Revitalisierung von Habana Vieja« in Kraft, der sich durch eine eigens dafür gegründete, kapitalorientierte Firma finanziert. Chef aller Sanierungsvorhaben sowie der Firma *Habaguanex* – benannt nach einem heldenhaften Kaziken, der sich gegen die Kolonialherren auflehnte – ist der Stadthistoriker Eusebio Leal Spengler. Er leitet die *Oficina del Historiador de la Ciudad*, sein Amt untersteht direkt dem Ministerrat. Von höchster Stelle dazu ermächtigt, wickelt *Habaguanex* Geschäfte in Devisen ab, muß jedoch die Erlöse in die Restaurierung der Altstadt investieren. Die Firma kontrolliert den Bausektor in der Altstadt, besitzt eigene Ladenketten und eine Möbelfabrik, zudem ist sie an Joint Ventures mit ausländischen Unternehmen beteiligt, denen sie Immobilien verpachtet. Die ehemaligen Bewohner indessen hat man dauerhaft ausquartiert – größtenteils in die Plattenbauten von Alamar, einer Trabantenstadt auf der anderen Seite der Hafeneinfahrt.

Die Gefahr der Verdrängung der Bevölkerung aus ihrem angestammten Wohnviertel, wie sie der Vorstoß von Tourismus und Dienstleistungssektor bewirkt, ist vom Amt des Stadthistorikers zwar schon früh erkannt, letztlich aber nicht gebannt worden. Hinzu kommt eine museale Kulturpolitik: »Museen zu eröffnen, ist für die *Oficina del Historiador de la Ciudad* die optimale Form, Immobilien aufwerten zu können, ohne das Risiko eingehen zu müssen, dass sie bewohnt werden. So erreicht man Restaurierung und Keimfreiheit.« Das schreibt Antonio José Ponte in *Der Ruinenwächter von Havanna* (2007). Bis zu seiner Ausreise aus Kuba 2006 lebte der geächtete Schriftsteller selbst in der Altstadt; in seinem Essay betrachtet er ihren Verfall als Metapher für ein morbides politisches System. Gleichzeitig notiert er den Einzug der »feierlichen Touristen«, die dem Charme bröckelnder Mauern genauso erlegen sind wie dem greisen Sänger und Gitarristen Compay Segundo, der im Film von Wim Wenders die Ruinen des Buena Vista Social Club ausfindig macht. »Die Musik«, schreibt Ponte, »war das Parfum eines Landes, das Mittel, das diesem verfallenen Körper geblieben war, um irgendwie präsent zu sein.«

Heute ist die Calle Mercaderes in erster Linie von Touristen bevölkert, zu denen sich Museumswärter in der **Casa**

de Asia, der mexikanisch gefärbten **Casa de Benito Suárez** (deren Geschäft im Untergeschoß Kunsthandwerk verkauft) und der **Casa de Obrapía** gesellen. Dieser knallgelbe Palast mit blauen Türen und Fenstern aus Holz steht an der Ecke zur Calle Obrapía, wurde 1665 errichtet und zeigt – in der Calle Obrapía – das wohl schönste Barockportal der Stadt. Derzeit beherbergt er ein koloniales Textil- und Möbelmuseum. Alejo Carpentier war 1966 im für die Privatgemächer vorgesehenen Obergeschoß ein Harlekinskopf der Commedia dell'arte aufgefallen, dekoriert mit Füllhörnern, »eines der seltenen Beispiele für ein Motiv aus der italienischen Komödie, das in einem Bildwerk eines kolonialen Herrenhauses in Amerika entdeckt wurde.« Zuvor von mehreren Mietparteien bewohnt, wurde das stark mitgenommene Gebäude 1981 vorbildlich restauriert, zwei Jahre später als Museum eröffnet. Damit war der erste Schritt zur umfassenden Altstadtsanierung getan.

Inwiefern die *Casa de Obrapía* mit Alejo Carpentier in direktem Bezug steht, kann selbst das zahlreich vertretene Museumspersonal nicht sagen. Dennoch ist im Untergeschoß nicht nur das Mobiliar ausgestellt, das der Schriftsteller von 1966 an als Kulturattaché in seinem Büro der kubanischen Botschaft in Paris benutzte – bis er im April 1980 an der Seine starb –, sondern auch der schwarze Volkswagen, mit dem er über die Champs-Élysées rollte. Anscheinend eine schlichte Hommage an Carpentier und sein brillantes Werk – in einem leblosen Raum. Für Antonio José Ponte wäre dies ein weiteres negatives Beispiel für die heiklen Sanierungsmaßnahmen: »Dort, wo ein in viele Wohnräume zerstückelter kleiner Palast zerfällt, steht nach den Restaurierungsarbeiten ein Gebäude, das ein Museum oder eine Kultureinrichtung beherbergt. Es ist machbar, aus einem Ort mit vielen lärmenden Menschen einen unbewohnten Ort zu gewinnen.«

Straßenleben in Habana Vieja, abseits des für Touristen sanierten Geheges.

Wir folgen der stillgelegten Calle Mercaderes zwei Häuserblocks in südliche Richtung und biegen rechts in die Calle Amargura ein, die Straße der »Bitternis«. Damit verlassen wir den touristisch-merkantilen Bezirk und treffen auf die Calle Cuba. Zu Beginn des 17. Jahrhunderts war dies der bevorzugte Standort für den Bau von Kirchen und Klöstern, weswegen sie ursprünglich »Straße der Glocken« hieß. Damals noch von meist hölzernen Wohnhäusern umgeben, ließ die hohe Geistlichkeit ihre sakralen Gebäude aus Stein errichten – und schuf mit anliegenden Erziehungsanstalten den Grundstein für ein katholisches Bildungswesen.

An der Straßenkreuzung Cuba und Amargura zeigt die **Iglesia de San Francisco el Nuevo** von 1633 mexikanischen Barockstil. Eigentlich gehörte sie zu einem Augustinerkloster, bevor dieses 1844 in den Besitz der Franziskaner überging.

In dem ihr angegliederten ehemaligen Konvent befand sich von 1861 bis 1961 die Akademie der Wissenschaften, heute ist hier der **Museo Carlos J. Finlay** untergebracht. Das Museum für Wissenschaftsgeschichte trägt den Namen des kubanischen Augenarztes Carlos Juan Finlay (1833-1915), der erstmals in der Stechmücke *Stegomyia fasciata* den Überträger des Gelbfiebers vermutete. Seine bahnbrechende Theorie, die versprach, die gefürchtete, meist tödlich verlaufende Infektionskrankheit endlich auszurotten, stellte er am 14. August 1881 einem wissenschaftlichen Gremium vor, und zwar in diesem Gebäude. Von den Behörden wurde die Theorie jedoch zwanzig Jahre lang nicht anerkannt; die weitreichende Bedeutung, die Finlay einem winzigen Insekt zuschrieb, erschien ihnen zu übertrieben. Erst nach einer schweren Epidemie, die Havanna im Jahr 1900 heimgesucht hatte, beauftragte die – nach dem Spanisch-Amerikanischen Krieg vorübergehend eingesetzte – US-Regierung eine Kommission mit der Erforschung und Bekämpfung des Gelbfiebers. Auf Anregung Finlays ließ der leitende US-Sanitätsoffizier in Havanna im März 1901 alle Brutstätten der Stechmücken, auch kleinste Wasserpfützen, von US-Matrosen »petrolieren«. Das Ergebnis gab Finlay recht: Noch im Sommer desselben Jahres verzeichnete man lediglich fünf Gelbfieber-Tote, in den folgenden Jahren überhaupt keine mehr.

Noch ein weiteres historisches Ereignis hat sich in dem Gebäude zugetragen: Im Auditorium maximum der Akademie der Wissenschaften wurde am 19. Dezember 1930 Albert Einstein geehrt, der sich in Havanna genau dreißig Stunden aufhielt. Der 1921 mit dem Nobelpreis für Physik ausgezeichnete Wissenschaftler befand sich auf einer Reise, die ihn zunächst nach New York geführt hatte und die in einen Forschungsaufenthalt am *California Institute of Technology* in Pasadena münden sollte. Am frühen Morgen des 12. Dezember erreichte er an Bord des belgischen Dampfers *Bergenland* – »auf dem Schiff fast nur alte Weiber« – Havanna. Hier hatte die Diktatur von Gerardo Machado nicht nur das Gros der Bevölkerung gegen sich aufgebracht, sondern auch vereinzelte bewaffnete Widerstandsaktionen auf den Plan gerufen.

»Habana. Revolution, aber nichts davon fühlbar. Krise wegen Fallens der Rohrzuckerpreise. Schöne spanische Gebäude.« Der einundfünfzigjährige Einstein unterwirft sich in der Stadt einem gewaltigen Besuchsprogramm, wohl deshalb fallen seine Eintragungen ins Reisetagebuch so knapp aus. Zudem ist ihm der Rummel um seine Person ein Greuel: »Ich werde von neugierigen Affengesichtern herumgeschleift. Akademie, geographische Gesellschaft. Alles das Gleiche.« Nach dem abendlichen Empfang in der Akademie flüchtet er vor den Autogrammjägern und Fotografen, schlägt die ihm offerierte Suite im gerade eröffneten *Hotel Nacional* aus und übernachtet lieber in seiner Schiffskabine. Hatte Einstein am Tag seiner Ankunft noch die luxuriösen Gefilde des *Country Club* und *Havana Yacht Club* besucht, so unternimmt er am nächsten Tag – zum Entsetzen seiner Gastgeber – eine Rundfahrt durch die armen Außenbezirke. »Spazierfahrt mit jungem Meteorologen und Astronomen. Farbige bei ihren Wohnungen photographiert. Besuch des Früchtemarktes. Empfang der Zionisten. Den ganzen Morgen Betrachtung, auch zu Fuss. Viel Malerisches bei strahlender Sonne.« Als sein Schiff am 20. Dezember 1930 mittags wieder ablegt, faßt Einstein seine Eindrücke von Havanna in zwei Sätzen zusammen: »Klubs mit Luxus, daneben nackte Armut, hauptsächlich der Farbigen, hausen in fensterlosen Holzhütten. Aber mildes Klima und Bananen, frohe Gesichter trotz schwerer Arbeitslosigkeit.«

Gegenüber der Franziskanerkirche liegt ein kleiner lee-

rer Platz, auf dessen Grundstück früher das **Hotel La Unión**
gestanden hat. Hier wohnte, wie gewöhnlich jeder Gast
der *Institución Hispano-Cubana*, zwischen März und Juni
1930 auch Federico García Lorca. Obwohl Lorca sich tagsüber meist in der Villa der Geschwister Loynaz aufhielt
(siehe Achter Spaziergang), begann er mit der Niederschrift
des Stückes *Das Publikum* in seinem Hotelzimmer. Darauf deuten die ersten Seiten des Manuskripts hin, die auf
Bögen mit dem Briefkopf des Hotels geschrieben sind.
Nicht nur die umliegenden engen Straßen, die Lorca an das
südspanische Cádiz erinnerten, sondern wohl auch eigene
amouröse Erlebnisse in Havanna scheinen den Dichter inspiriert zu haben. In *Das Publikum*, einem für seine Zeit
sowohl moralisch als auch ästhetisch revolutionären Theaterstück, ergreift Lorca Partei für alle Spielarten der Liebe,
wobei er sein Augenmerk besonders auf die homosexuelle
Variante richtet.

Das traditionsreiche *Hotel La Unión* ist nicht wiederauf-
gebaut worden; der notdürftig angelegte Platz an seiner
Stelle wirkt wie eine urbane Wunde. Für Antonio José Ponte,
der im *Ruinenwächter von Havanna* durch Habana Vieja
streift, offenbart sich darin ein Prinzip, dem eher behelfs-
mäßige Planierung als wirkliche Stadtplanung zugrunde
liegt: »Die steigende Zahl von Warteeinrichtungen, Plät-
zen und Freiflächen lässt die gewagte Hypothese zu, dass
Havanna auf irgendetwas wartet. Jede durch Einsturz ent-
standene Lücke neigt eher dazu sich auszubreiten als gefüllt zu werden; wenn die kubanische Hauptstadt sich weiter entwickelt, dann Richtung Einebnung.«

Was passiert, wenn man sich doch für den Wiederaufbau
entschieden hat, zeigt ein Abstecher zur nahe gelegenen
Plaza Vieja. Diesen einst volkstümlichen Platz haben die Ur-
banisten als farbige, historisierende Kulisse instand gesetzt.
Als öffentlicher Raum war er bereits 1559 entstanden, im

17. Jahrhundert verwandelte er sich in einen Marktplatz, was er bis zum Ende der Kolonialherrschaft blieb. Ringsum stehen barocke, zweigeschossige Herrschaftshäuser neben mehrstöckigen Gebäuden aus dem 19. Jahrhundert, allesamt mit Säulenportalen. Vor den imposanten Hauseingängen sitzen heute allerdings keine Frauen und Dominospieler mehr, und den Kindern ist das Baseballspielen auf dem Platz untersagt. Ein hoher Eisenzaun um den – rekonstruierten – historischen Brunnen in der Mitte sorgt dafür, daß niemand mehr Wasser daraus schöpfen kann, obwohl es in den Hinterhöfen der Nachbarschaft kaum funktionierende Wasserleitungen gibt. Immerhin hat das Amt des Stadthistorikers die Bausünden der Batista-Diktatur beseitigt, die unter der Plaza Vieja eine Tiefgarage angelegt und sie zu einem Parkplatz aus Beton degradiert hatte. Nach der Sanierung haben sich in den umstehenden historischen Gebäuden meist kulturelle Einrichtungen und Cafés niedergelassen, und an der südwestlichen Ecke zur Calle Muralla betreibt die österreichische *Salm Bräu* ein Devisenlokal, in dem – ganz untypisch für Havanna – Bier vom Faß gezapft wird. Nur in zwei der geräumigen Herrschaftshäuser sind wieder Wohnungen entstanden.

So hat der äußerlich farbenfrohe Platz seinen Charme verloren und wirkt heute so leblos wie eine kolorierte historische Ansichtskarte. Vor allem Touristen bevölkern die Plaza Vieja, unter den Augen patrouillierender Polizisten bewegen sie sich in einem musealen Gehege. »Passagen und Museen von Habana Vieja«, schreibt Ponte lakonisch, »schließen abends ihre Tore. Das Dienstpersonal der öffentlichen Einrichtungen und staatlichen Unternehmen geht nach Hause. Kurz vor Mitternacht verkaufen die Bars den letzten Drink, und die restaurierten Straßen sind menschenleer.«

Folgen wir der Calle Muralla in östliche Richtung, so treffen wir wieder auf die Calle Cuba – und befinden uns in einem belebten, populären Teil der Altstadt, dessen Sanierung noch ansteht. In dieser Gegend können wir noch den kleinen, fliegenden Händlern begegnen, Erdnußverkäufern, die ihre Ware melodisch ausrufen, oder verarmten Rentnern, die ihre staatlich zugeteilte Monatsration an Zigaretten unterderhand verkaufen. Wir sehen uniformierte Schulkinder auf dem Weg nach Hause, Männer, die Baucontainer nach verwertbarem Material durchforsten, Wäsche in verblichenen Farben, die an den schmiedeeisernen Balkonen trocknet, mehr klingelnde Fahrräder als hupende Autos, die im Schneckentempo die Straßenlöcher umfahren, Nachbarn beim Schwatz vor dunklen Hauseingängen.

Hans Christoph Buch, der in *Tod in Habana* vom Niedergang eines deutschen Mittelständlers erzählt, spitzt den Gegensatz zum touristischen Viertel noch zu: »Aus den Gassen der Altstadt dringt Fäulnisgeruch: Abfallhaufen verrotten im Rinnstein, überquellende Müllcontainer brüten in der Sonne, scharfer Uringestank steigt aus modrigen Kellerlöchern, dazwischen der süßliche Duft tropischer Vegetation, warme Schwaden, die aus Backstuben dringen, das würzige Aroma luftgetrockneter Tabakblätter, flirrende Hitze, die ein Heraustreten aus dem Schatten der Arkaden verbietet und jede übereilte Bewegung durchkreuzt. Viele Geschäfte sind mit rostigen Jalousien verrammelt, und in den wenigen geöffneten Läden herrscht grünliche Dämmerung wie in einem Terrarium, in dem ein apathischer Verkäufer vor leeren Regalen auf Kundschaft wartet, die nicht kommt.«

Zwischen den Straßen Sol und Luz – »Sonne« und »Licht« – steht der ehemalige **Convento de Santa Clara**, eine Anlage, die vier Häuserblocks umschließt und im 17. Jahrhundert das erste und größte Kloster für die Aufnahme lediger Frauen aus reichen Familien war. Nicht nur brachten die Novizinnen ihre hohe Mitgift ein, es war ihnen auch gestattet, ihre Sklavinnen mitzubringen, wenn diese das Ordensgelübde ablegten. Heute ist einer der prächtigen Kreuzgänge samt üppigem Klostergarten wieder zugänglich, in dem restaurierten Gebäude sitzt das Nationale Zentrum für Denkmalpflege, Restaurierung und Museumskunde.

In einem angrenzenden Haus quartierte sich Reinaldo Arenas ein, nachdem er 1976 aus dem Gefängnis entlassen worden war (siehe Erster Spaziergang). Das jedenfalls behauptet der Schriftsteller in seiner Autobiographie *Bevor es Nacht wird*. Mit der Malerin und Prostituierten Clara teilt er sich, wie er schreibt, eine enge, stickige Wohnung. Um der »Höhle ohne Fenster« etwas Luft zu verschaffen, brechen die beiden eine Fensteröffnung in die Wand, »und als wir endlich durch waren, merkten wir, daß das Loch nicht auf die Straße ging, sondern in ein riesiges Kloster, das Santa Clara; die Nonnen hatten es nach dem Sieg Castros verlassen.« Hier allerdings – wie so oft in seinen wütenden Erinnerungen – fabuliert Arenas, denn die Klarissen hatten das Gebäude bereits 1919 für eine Million Dollar verkauft. Und die »große Ladung Kruzifixe, Silberkelche und andere wertvolle Stücke«, die Clara und Arenas aus der »Schatzkammer« des verlassenen Klosters bergen, um sie auf dem Schwarzmarkt zu verkaufen, dürfte ebenso frei erfunden sein wie die Lage des elenden Wohnraums. Kurz vor der eben zitierten Passage nämlich lokalisiert Arenas seine Bruchbude »in einem alten Haus in der Calle Monserrate« – diese Straße aber liegt vier Häuserblocks vom Kloster entfernt.

Durchaus real hingegen mutet das Vorhaben an, mit dem zutage geförderten Baumaterial, »dem Holz und den Fliesen aus Claras Mauerloch überall im Haus Balkons und Zwischengeschosse zu bauen«. Ein solches notdürftig gezimmertes Mezzanin, das in den hohen Räumen der Kolo-

Nur noch die Arkaden im spanischen Mudéjar-Stil künden von der Pracht
des ehemaligen Ursulinen-Konvents an der Calle Monserrate.

nialhäuser eingezogen wird, um zusätzlichen Wohn- oder Schlafraum zu gewinnen, ist bis heute typisch für die Altstadt. »Mein Zimmer«, witzelt Arenas, »verwandelte sich über Nacht in ein Apartment, das sogar einen Balkon mit mittelalterlichem Schmiedeeisen besaß.« Der Volksmund hat diese Erfindung *Barbacoa* getauft – denn die Hitze, die sich in den oberen Raumnischen staut, fühlt sich an, als ob man auf einem Bratrost läge. Einer Erhebung der *Oficina del Historiador* zufolge ist rund ein Drittel der 22 000 Wohnungen in Habana Vieja mit *Barbacoas* ausgestattet. In seiner Erzählung *Die Kunst, Ruinen zu erschaffen* spricht Antonio José Ponte daher von einer »Barackisierung« der Altstadt: »Menschen konnten ein Gebäude dergestalt besetzen, dass es schließlich in sich zusammenfiel. Sie schafften sich Platz, wo keiner zu sein schien, drückten und schoben, bis sie Raum zum Leben fanden. Und dieser ungestüme Lebensdrang hatte fast immer das Gegenteil zur Folge.«

Auf dem Weg zum *Convento de Belén* kommen wir an der ältesten noch erhaltenen Kirche der Stadt vorbei, der **Iglesia del Espíritu Santo**, die an der Straßenecke Cuba und Acosta steht. Ehemalige schwarze Sklaven hatten bereits 1638 mit dem Bau einer Einsiedelei begonnen, zehn Jahre später wurde sie zur Pfarrkirche geweiht, und ab 1773 gewährte sie all jenen Asyl, die von den Behörden verfolgt wurden. Wir biegen rechts in die Calle Acosta ein, kommen an alten Häusern mit abblätterndem Fassadenputz in Grau- und Schwarztönen oder Pastellfarben vorbei, bis wir den schmalen Platz vor dem ehemaligen **Convento de Nuestra Señora de Belén** erreichen.

Auf einer Fläche von zwölftausend Quadratmetern beherbergte der 1712-72 erbaute Konvent den einzigen während der Kolonialzeit in der Neuen Welt gegründeten Orden: die Bethlehemiten. Sie widmeten sich der Krankenpflege und dem unentgeltlichen Schulunterricht, in Havanna errichteten sie ein klösterliches Hospital. Durch den großen über die Calle Acosta gespannten Verbindungsbogen – einzigartig in der kubanischen Architektur – gelangten Patienten und Geistliche vom Kloster in die Nebengebäude auf der anderen Straßenseite.

Nach der Auflösung des Ordens 1820 nutzten zunächst Regierungsstellen die Klosterräume, ab 1854 die Jesuiten, die im Auftrag der spanischen Königin Isabella II. dort ein Kolleg eröffneten. Der *Real Colegio de Belén* war das angesehenste Bildungsinstitut der Stadt, es wurde von den Sprößlingen der Geldaristokratie besucht, außerdem diente es als wissenschaftliche Forschungsstätte. Hier entstand 1857 ein meteorologisches Observatorium, dessen Gründer, der Jesuitenpater Benito Viñes Martorell, am 12. September 1875 die weltweit erste Hurrikanwarnung ausgab. Zwei Jahre zuvor hatte Carlos J. Finlay im chemischen Labor des Kollegs seine Forschungen zum Gelbfieber begonnen; er führte Experimente mit hundertvierzig Personen durch, darunter vierzig Geistlichen.

Im Jahr 1925 schließlich verlegten die Jesuiten das Kolleg in den Stadtteil Marianao, wo sie ein noch größeres, modernes Gebäude bezogen. Unter den Schülern, meist Abkömmlingen der kubanischen Oligarchie, befand sich auch Fidel Castro, der im Schuljahr 1944/45 mit dem Preis für den besten Schulsportler des Landes gewürdigt wurde. Nach dem Sieg der Revolution ließ er die Eliteschule jedoch schließen; heute ist in dem halbkreisförmigen Palast das technische Militärinstitut *José Martí* untergebracht.

In den Mauern des alten *Convento de Belén* indessen ließ sich nach dem Auszug der Jesuiten die kubanische Akademie der Künste und Geisteswissenschaften nieder. Pablo Neruda, der im März 1942 zum ersten Mal Kuba besuchte, hielt hier drei Vorträge mit den Titeln *Reise der Zeit und des Ozeans*, *Reise zum Licht von Quevedo*, *Reise durch meine Lyrik*. Der Dichter, damals achtunddreißig Jahre alt und chilenischer Generalkonsul in Mexiko, war mit dem Schiff aus Veracruz gekommen und blieb fast drei Wochen in Havanna. Auf Einladung der Kulturabteilung des kubanischen Erziehungsministeriums nahm er an zahlreichen Empfängen teil, wurde mehrfach geehrt und hielt eine vom Dichter Nicolás Guillén präsentierte Lesung eigener Gedichte, die im Rathaus mit einem Konzert des Stadtorchesters unter der Leitung des großen modernen Komponisten Gonzalo Roig ausklang. »Havanna war für mich wie eine Zigarrenkiste«, sagte Neruda; ob er mit dieser Äußerung auf die verschachtelte Struktur der Altstadt oder den Rauchgenuß anspielte, ist nicht bekannt. Erst im Dezember 1960 reiste er erneut nach Havanna, zwei Jahre später sollte Neruda sich mit Castros Intellektuellen überwerfen (siehe Achter Spaziergang).

Mittlerweile ist der *Convento de Belén* mit seinen sechs Kreuzgängen fast vollständig restauriert worden – und dient wieder seiner ursprünglichen Mission, der karitativen Versorgung von Armen und Kranken. Täglich besuchen Hunderte von alten Menschen das Gebäude, in dem die *Oficina del Historiador* ein Rehabilitationszentrum, einen Mittagstisch und kulturelle Aktivitäten anbietet. Diese Einrichtungen gehören, zusammen mit drei Alten- und Pflegeheimen in großzügig ausgestatteten ehemaligen Barockhäusern, zu den sozialen Projekten, die das Amt des Stadthistorikers im Rahmen der Altstadtsanierung betreibt.

Direkt gegenüber der kleinen Bethlehemiten-Kirche können wir übrigens ein Beispiel für jene typische Wohnform sehen, die zunächst in der Altstadt entstand, sich aber auch im angrenzenden Stadtteil Centro Habana verbreitet hat: den *Solar*. Hinter dem Portal des ehemaligen Herrschaftshauses öffnet sich ein großer, säulenumstandener und baufälliger Innenhof, der von den Mietern kollektiv genutzt wird; die umlaufenden Galerien sind in kleine Wohneinheiten zerstückelt, vor denen ärmliche Wäsche trocknet.

Mit der Abwanderung des Großbürgertums in den westlichen Stadtteil Vedado zu Beginn des 20. Jahrhunderts erhielt Habana Vieja ein neues Gesicht – und verwandelte sich rasch in einen Slum: Hier siedelten sich immer mehr ehemalige Sklaven, Arbeitsemigranten aus China oder den Philippinen, einfache Arbeiter und Handwerker an. In den ausgedienten Palästen teilten sich Dutzende von Familien die geräumigen Salons und zogen in die hohen Räume sogar Zwischendecken ein, um sie zu halbieren. Bis heute sind die wenigsten dieser maroden Wohnhöfe instand gesetzt worden. In Habana Vieja weist über die Hälfte der Häuser Strukturschäden an Dächern und Wänden auf, ein Drittel der Wohnungen verfügt nicht über einen Wasseranschluß, oder die Bewohner teilen sich gemeinsame Sanitäranlagen.

Für Guillermo Cabrera Infante (1929-2005), der am 25. Juli 1942 mit seiner Familie aus der ländlichen Provinz nach Havanna übersiedelte, bedeutete der Einzug in den *Solar* – in seinem Fall eine völlig überfüllte Mietskaserne in der Calle Zulueta am Rande der historischen Altstadt – den Schritt vom naiven Kind zum jungen Mann. In seinem – noch nicht ins Deutsche übersetzten – autobiographischen Roman *La Habana para un infante difunto* (1979) schreibt er: »An jenem Morgen, in jenem Augenblick, da ich vor dem langen Korridor zugezogener Vorhänge stand und das Innenleben betrachtete, das später sogar einen Veteranen der Bohème erschrecken sollte, den naiven Maler Chema Bue, der das Haus einige Zeit später besuchte und sich weigerte, darin auch nur einen Moment zu verweilen, entsetzt von der verkommenen Bienenstockarchitektur, die das Gebäude aufwies, ... an diesem Tag genau endete mei-

Weiße Kleidung im dunklen *Solar*: Nachbarn bei Rumba, Rum und *Santería*.

ne Kindheit.« Der Zugang zu »dieser Institution des armen Havanna« führt den Neuankömmling auch ins Reich der Sexualität und Kunst, was sich thematisch immer wieder in seiner Prosa niederschlägt, die Cabrera Infante ab 1947 verfaßt. In seinem sprachgewaltigen ersten Roman *Drei traurige Tiger* (1967) widmet er sich indessen der mondänen Modernität Havannas – vor der Revolution.

Von der Revolutionsregierung wird ein ganz anderer Schriftsteller beansprucht: José Martí, der »Apostel« der Unabhängigkeit. In seinem Geburtshaus ist ihm eines von mehreren Denkmälern in der Stadt gesetzt worden. Wir erreichen es, indem wir die Calle Compostela vier Häuserblocks in südliche Richtung hinuntergehen, dann rechts in die Calle Leonor Pérez einbiegen. Am Ende dieser nach der Mutter des Dichters benannten Straße steht die **Casa Natal de José Martí**: ein bescheidenes gelbes Haus, in dem sich das ursprünglich 1925 eröffnete, somit älteste Museum Havannas befindet, das 1994 grundlegend renoviert und erweitert wurde.

Im zweiten Stockwerk kam hier am 28. Januar 1853 José Julián Martí y Pérez zur Welt. Er gilt als Wegbereiter des *Modernismo*, einer in Lateinamerika eigenständigen literarischen Strömung, die sich Ende des 19. Jahrhunderts herausbildete und mit ihrem Ästhetizismus in der Lyrik des Nikaraguaners Rubén Darío gipfelte. Trotz einer freien, neuen Formensprache in seinen ungereimten Gedichten hatte Martí erklärtermaßen wenig mit der elitären Kunst im Sinn. In der Vorrede zu seinen *Freien Versen* (1880) schreibt er: »Sie sind nicht mit akademischer Tinte, sondern mit meinem eigenen Blut geschrieben ... Ich habe ehrlich sein wollen, und wenn ich gesündigt habe, schäme ich mich dessen nicht.« Martí schöpfte seine Inspiration aus der Anschauung der Natur oder indem er den einfachen Leuten zuhörte; aus dem 1891 erschienenen Zyklus *Einfache Verse* stammt das Gedicht *Guantanamera*, das die Liebe zu Königspalmen, Bauernhütten und einem Mädchen aus dem Ort Guantánamo besingt – und später als Lied in der ganzen Welt bekannt geworden ist.

Seine im Exil (1879-95) entstandenen patriotischen Verse verstand Martí als ein »blitzendes Schwert« gegen die spanische Kolonialherrschaft. Schon in seiner Jugend hatte sich der Sohn spanischer Einwanderer für die Unabhängigkeit Kubas eingesetzt, und neben drei Gedichtbänden, einigen Dramen sowie einem – dem Sohn Pepe zugeeigneten – Kinderbuch schrieb er eine Fülle von Essays und Artikeln zu politischen Themen. Von New York aus, seinem Wohnsitz im Exil, bereitete Martí den zweiten kubanischen Unabhängigkeitskrieg (1895-98) vor und war neben den militärischen Befehlshabern Antonio Maceo und Máximo Gómez der zivile Führer der Erhebung. Mit einer Machete bewaffnet, nahm er im April 1895 am ersten Feldzug im Osten Kubas teil, und mit seiner Feder führte er ein Feldtagebuch. In diesem Augenblick schien sich das Ideal des streitbaren Dichters und Journalisten, der stets die Einheit von revolutionärem Denken und Handeln gefordert hatte, endlich zu verwirklichen. Doch schon am 19. Mai wurde er bei einem Angriff auf eine Abteilung Kolonialsoldaten erschossen. Damit hatten die Separatisten der »Republik in Waffen« ihren wichtigsten politischen Strategen verloren – und die Kubaner einen Märtyrer gewonnen, dessen Mythos bis in die Gegenwart reicht. Bestattet ist José Martí am anderen Ende der Insel, in Santiago de Cuba. Sein Sarg liegt in einem Mausoleum, durch das immer ein Sonnenstrahl fällt, um so den letzten Willen des Dichters zu erfüllen, der kurz vor seinem Tod geschrieben hatte: »Wenn ich sterben sollte, dann mit dem Gesicht zur Sonne.«

Gegenüber von Martís Geburtshaus, an der breiten Ringstraße Egido, steht die von dem Amerikaner Kenneth Murchison im Neorenaissance-Stil entworfene **Estación Central** (1912) mit ihren beiden Kampanile. Die hier abfahrenden Züge verbinden Havanna mit Santiago, der zweitgrößten Stadt Kubas, die etwa tausend Kilometer entfernt im Südosten der Insel liegt.

Im schattigen, großzügigen Wartesaal des Bahnhofs ist *La Junta* ausgestellt, die älteste noch erhaltene Dampflokomotive Kubas aus dem Jahr 1840. Die erste Eisenbahn fuhr jedoch schon 1837 – elf Jahre bevor die erste Bahnstrecke im Mutterland eingeweiht wurde – und verband den Hafen von Havanna mit dem etwa 20 Kilometer südlich gelegenen Ort Bejucal, einem Zentrum des Zuckerrohranbaus. Der ursprüngliche Bahnhof lag allerdings am Prado, dort wo sich heute der *Capitolio* (Vierter Spaziergang) erhebt.

An der Nordseite des Bahnhofs, ebenfalls in der Calle Egido, sieht man noch die Reste eines Tors der historischen, ab 1674 errichteten Stadtmauer. Sie wurde, um für eine moderne Stadtplanung Raum zu schaffen, ab 1863 stückweise abgerissen – ein Vorhaben, das sich siebzig Jahre hinzog.

Zu jener Zeit lebten bereits doppelt so viele Menschen außerhalb der Mauern als in der dichtbebauten und bevölkerten Innenstadt.

Habana Vieja aber platzt bis heute aus allen Nähten. Die *Oficina del Historiador* zählt hier mehr als 70 000 Einwohner; im Jahr 1759, als es noch keine Stadt außerhalb der Mauern gab, waren es genauso viele. Die Hälfte davon sind Zuwanderer aus den östlichen Provinzen, die nach wie vor mit Zügen, Bussen oder auf offenen Lastwagen nach Havanna kommen, wo sie sich mehr Glück als auf dem Land versprechen. Der Volksmund nennt sie spöttisch *Palestinos*, heimatlose »Palästinenser« aus dem nahen Osten Kubas.

Antonio José Ponte bezeichnet sie als »Baracknicks«. In seiner Erzählung *Die Kunst, Ruinen zu erschaffen* (2000) schreibt er: »Die ältesten Gebäude der Stadt ziehen die Baracknicks an. Schon nach kurzem quartiert sich ein erster Baracknick in dem ausgespähten Gebäude ein. Er zieht andere nach sich, und allmählich füllt sich das ganze Gebäude mit seinen Leuten. Geballt im Haus vereint (je höher und protziger, desto besser), machen sie aus einem Zimmerchen vier, aus einem Stockwerk zwei. Sie durchbohren Wände, um Balken für ihre Zwischengeschosse einzuziehen. Und unerbittlich bringen die Baracknickfrauen Kinder zur Welt und lassen immer mehr Verwandte von weit her nachkommen. Nacht für Nacht, wenn sie zu Bett gehen, lassen sie ihre Köpfe auf die Kissen niedersausen, als wollten sie dem Haus den letzten Schlag versetzen. Sie erstreben den Einsturz mit allen Mitteln.« Zurück bleibt die nicht mehr bewohnbare Ruine.

Ponte ist durch sein Publikationsverbot in Kuba als Schriftsteller selbst buchstäblich ruiniert worden (siehe Achter Spaziergang), was ihn 2006 ins spanische Exil getrieben hat. Als »Ruinenforscher« bringt er in der sarkastisch zugespitzten Chronik eines Zusammenbruchs der Altstadt zugleich die eigene Sehnsucht zutage – nach einem politischen Umbruch in Kuba.

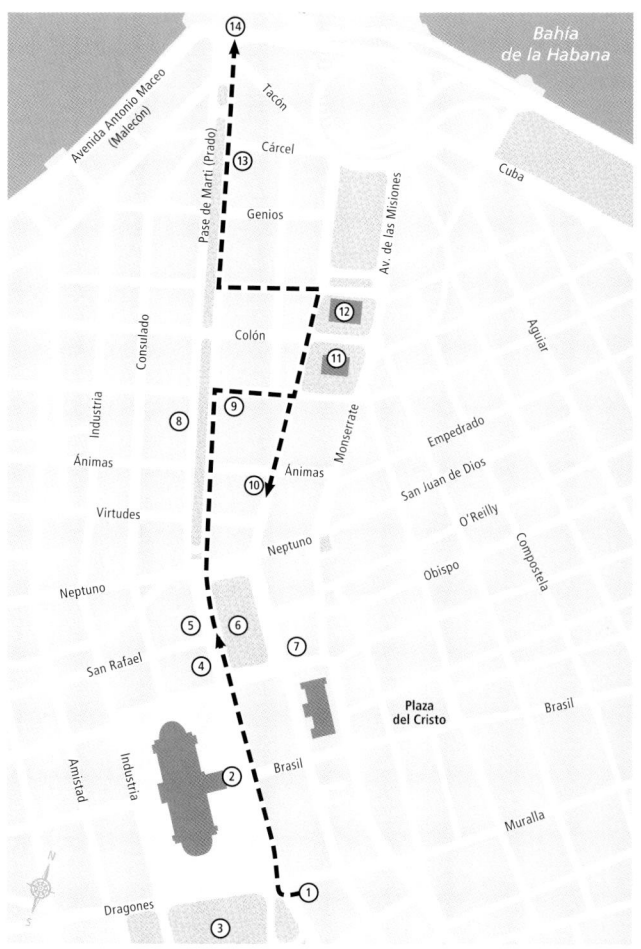

① Hotel Saratoga ② Capitolio ③ Parque de la Fraternidad ④ Gran Teatro Nacional ⑤ Hotel Inglaterra ⑥ Parque Central ⑦ Centro Asturiano (Museo de Bellas Artes) ⑧ Unterschlupf von Meyer Lansky ⑨ Hotel Sevilla ⑩ Sloppy Joe's Bar ⑪ Museo de Bellas Artes ⑫ Museo de la Revolución (Palacio Presidencial) ⑬ Hotel Packard ⑭ Malecón

Vierter Spaziergang

Bühnen und Kulissen:
Über den Paseo del Prado bis zum *Malecón*

Wie die meisten Besucher Havannas hat sich auch der spanische Dichter Rafael Alberti vor dem **Capitolio Nacional** fotografieren lassen. Von seinem Zimmer im *Hotel Saratoga* aus konnte er das monumentalste Gebäude der Stadt jeden Morgen in blendendem Weiß sehen, nachts den Strahlenkranz rotierender Scheinwerfer, die damals auf der mächtigen, dem Pariser Panthéon ähnelnden Kuppel installiert waren. Der *Capitolio*, nach französischem und amerikanischem Vorbild als Sitz für Senat und Parlament entworfen, war 1929 fertiggestellt worden.

Sechs Jahre später, am 16. April 1935, kam Rafael Alberti auf dem Dampfer *Siboney* in Havanna an. Allerdings interessierte er sich weniger für die neuen Bauten in der Hauptstadt als vielmehr für die soziale und politische Lage auf der Zuckerinsel. Bereits 1933 hatte Alberti sein Gedicht *Salud, revolución cubana* veröffentlicht, in dem er die Flucht des Diktators Gerardo Machado feiert, den »Aufstand von Arbeitern und Bauern« besingt und all jenen den Kampf ansagt, die die Tabak- und Zuckerrohrplantagen »mit Blut wachsen« lassen.

Alberti befand sich mit seiner Frau María Teresa León, ebenfalls eine Schriftstellerin, zum ersten Mal in Havanna. Eingeladen waren sie von José María Chacón y Calvo, einem befreundeten Literaturwissenschaftler aus gemeinsamen Madrider Zeiten, nun Kulturdirektor des kubanischen Erziehungsministeriums – derselbe übrigens, der fünf Jahre zuvor Federico García Lorcas Aufenthalt in die Wege geleitet hatte. Wie Lorca wurde nun auch Alberti von den Zeitungen hofiert. Allerdings nicht aufgrund seiner politischen Aktivitäten, sondern als literarischer Avantgardist. Die Zeitschrift *Carteles* nannte ihn am 28. April »den großen spanischen Lyriker, einen der brillantesten Vertreter der neuen literarischen Generation«. Im Automobilclub hielt er einen Vortrag über *Lope de Vega und die neue spanische Lyrik*, worin er die wiederkehrenden Reime des Barockdichters überraschend mit den musikalischen Refrains des Son cubano verglich. Im Unterschied zu Lorca ging Alberti bei seinen Lesungen jedoch über die exklusiven Zirkel der Stadt hinaus. Er besuchte auch das Gefängnis in Guanabacoa, wo er einer Gruppe von Frauen, die sich nach der Zerschlagung eines Generalstreiks in Haft befanden, seine Gedichte vortrug.

Noch zweimal sollte Alberti nach Havanna zurückkehren. Im März 1960 stimmte er gemeinsam mit dem kubanischen Dichter Nicolás Guillén im Theater der Gewerkschaft einen Lobgesang auf die junge Revolution an, im April 1991, acht Jahre vor seinem Tod, erhielt er die Ehrendoktorwürde der Universität und wurde mit der höchsten Auszeichnung des Landes, dem José-Martí-Orden, geehrt.

Das **Hotel Saratoga**, wo Rafael Alberti während seines ersten Besuchs logierte, ist wieder neu aufgebaut worden. Hinter seiner klassizistischen Fassade verbirgt sich ein modernes Luxushotel, und hätte der Dichter heute von der Dachterrasse auf die umliegende Stadt geschaut, so wäre sie ihm auf den ersten Blick kaum verändert vorgekommen. Direkt vor dem Hotel beginnt der Paseo del Prado, nach wie vor pulsierende Ader von Havannas historischem Zentrum, und auf der gegenüberliegenden Straßenseite liegt der **Parque de la Fraternidad**. Anläßlich der Panamerikani-

Der *Capitolio* diente zunächst als Sitz für Senat und Parlament. Heute beherbergt er das Ministerium für Wissenschaft, Technologie und Umwelt.

schen Konferenz von 1928 angelegt, wurde in der Mitte des Parks ein Kapokbaum gepflanzt, der mit seinem umlaufenden Bronzegitter, auf dem die Wappen der Teilnehmerländer prangen, ein eigenes Monument bildet.

Diesen Park schuf der französische Landschaftsarchitekt Jean Claude Forestier – ebenso wie die Gartenanlagen des *Capitolio*, den begrünten Prado und zwei prächtige Promenaden in Vedado (siehe Achter Spaziergang). Forestier, damals einer der gefragtesten Stadtplaner weltweit, entwarf zwischen 1925 und 1930 das moderne Gesicht Havannas; mit seinem Stab junger Architekten von der *École des Beaux-Arts* legte er großzügige Plätze und Alleen an und integrierte die Natur in den Städtebau. Den Auftrag dazu bekam er von Carlos Manuel de Céspedes, Minister für öffentliche Bauvorhaben unter Gerardo Machado. Céspedes hatte ein ambitioniertes, keynesianisch geprägtes Modernisierungsprogramm auf die Beine gestellt, das von der *American Chase Bank* finanziert wurde. Nicht nur das Stadtbild profitierte davon: Dem als »Schlächter« gefürchteten Diktator erlaubte es, sich als eifrigster Präsident Kubas beim Bau von Projekten mit Symbolcharakter hervorzutun und sich daran persönlich zu bereichern.

In gewisser Hinsicht war es auch Machado zu verdanken, daß die wichtigste Frauenband Kubas ins Leben gerufen wurde. Der »Schlächter« hatte 1930 die aufständische Universität schließen lassen. Unter den Kommilitonen, die deshalb ihr Studium abbrechen mußten, befand sich Concepción Castro, eine Studentin der Zahnmedizin: Sie bestritt ihren Lebensunterhalt fortan als Musikerin, zwei Jahre später gründete sie mit einigen ihrer Schwestern das Septett Anacaona – der Name geht auf eine indigene Prinzessin aus dem 16. Jahrhundert zurück, die als Sängerin, Tänzerin und Rebellin verehrt wurde, da sie den spanischen Kolonialherren die Stirn bot.

Heute ist das Restaurant im *Hotel Saratoga* nach der legendären Frauenband benannt; historische Fotos an den Wänden zeigen, wie die »Anacaonas« unter den Arkaden des Hotels und in den Freiluftcafés am Prado musizieren. Alicia Castro, eine der in der Formation mitwirkenden Schwestern – zeitweilig waren es elf – erinnert sich an die politisch turbulente Anfangszeit: »Eines Abends ging die Polizei vom Park gegenüber mit brutaler Gewalt auf demonstrierende Studenten los. Direkt vor den Cafés begann eine wilde Schießerei, und wir mußten uns hinter dem Klavier verstecken.«

Nach der Flucht des Diktators 1933 ging es in den *Aires Libres*, den Freiluftcafés am Prado, friedlicher zu. Diese – heute verschwundenen – Lokale gegenüber dem *Capitolio*, so Castro, »boten ein farbenprächtiges Spektakel. Der breite Gehsteig war ein einziges Meer von Tischen und Stühlen, überdacht von Sonnenschirmen und leuchtend bunten Markisen ... ›Anständige‹ Frauen konnten sich hier auch nachts durchaus sehen lassen – das war eine Besonderheit dieser Straßencafés. Doch schon die Seitenstraßen des Prado galten für sie als unschicklich. Hier begann die halbseidene Welt ... Eine ehrbare Frau, gar eine unverheiratete oder ein Mädchen, hatte im Nachtleben von Havanna nichts zu suchen. Abends war Havanna eine Welt der Männer, in der sich natürlich alles um Frauen drehte.«

Anacaona bildeten das erste weibliche Septett, das Son cubano und Rumba spielte – damals eine gewagte Kombination. Denn diese Musik kam aus den Hinterhöfen Havannas, sie war »schwarz« und trug in ihren Texten oft die klangvollen Hyperbeln männlichen Balzverhaltens. Daß Anacaona ihre Karriere nicht – wie in jener Zeit durchaus üblich – in bordellähnlichen Clubs begannen, sondern am zentralen Prachtboulevard, war auch der überragenden

Qualität des Schwesternensembles geschuldet. Davon eingenommen waren nicht zuletzt die männlichen Kollegen des Septeto Nacional, zu jener Zeit die wichtigste »Institution« des Son. Zu den ersten Fans der »Anacaonas« gehörte der Lyriker Nicolás Guillén (1902-1989). Er hatte den Rhythmus des Son bereits in seinen Gedichtzyklus *Sóngoro cosongo* (1931) einfließen lassen und sich – unglücklich – in die Bandleaderin verliebt. »Die Kubaner«, bemerkte der Dichter, »sprechen ein bißchen wie Son, und sie haben den Gang des Son; in unserem Alltag steckt der Son im Humor, in den Frauen, in den Komplimenten – er ist unsere Lebensart.«

Bald wuchsen Anacaona zu einer Jazzband an, sie spielten in den Clubs der feinen Gesellschaft von Havanna, tourten durch ganz Lateinamerika und feierten selbst am Broadway und auf den Champs-Élysées Erfolge. New York und Paris waren Ende der dreißiger Jahre in Bann geschlagen von afrokubanischen Rhythmen, Anacaona galten – ähnlich wie der Buena Vista Social Club sechzig Jahre später – als Botschafter der kubanischen Musik.

Der Son hatte seinen ersten Siegeszug um die Welt angetreten – und Havannas weißes Bürgertum, das der neuen, ungestümen Musik mit seiner afrikanischen Perkussion zunächst feindlich gesinnt war, staunte. Um so mehr, als sogar George Gershwin einen bekannten Son in seiner *Kubanischen Ouvertüre* anklingen ließ, die im August 1932 in New York uraufgeführt wurde. Ein halbes Jahr zuvor hatte der amerikanische Komponist in der *CMCJ*, einem der großen Radiosender, die damals am Prado lagen, den Leiter des Septeto Nacional, Ignacio Piñeiro, kennengelernt. Gershwin war fasziniert vom vertrackten Rhythmus, den geschmeidigen Gesangsstimmen des Son, er notierte sich die Musik und übernahm dann im eigenen Werk die Anfangsmelodie von *Échale Salsita*, einem Hit von Piñeiro.

Paseo del Prado: *Capitolio*, Gran Teatro García Lorca und *Hotel Inglaterra*.

In dessen Lied heißt es geradezu programmatisch: »Der Son ist das Höchste, um die Seele zu verzücken.«

In unmittelbarer Nähe der Freiluftcafés, gegenüber der Nordfassade des *Capitolio*, stand der Tempel der Hochkultur, der **Gran Teatro Nacional**. Alejo Carpentier bezeichnet das neobarocke Gebäude am Prado, das zwischen den Straßen San José und San Rafael einen ganzen Häuserblock einnimmt, als »eine riesige, schneeweiße Geburtstagstorte«; für den Schriftsteller ist es »einer der seltsamsten Bauten, die es in Havanna zu sehen gibt«. Neben dem Theater, das am 22. April 1915 mit der Aufführung von *Aida* unter dem Dirigenten Tullio Serafin eröffnete, beherbergte der Bau noch den *Centro Gallego*, ein prächtiges Kulturzentrum der galicischen Gesellschaft, der in Havanna einflußreichsten Landsmannschaft unter den spanischen Einwanderern. Heute ist der – inzwischen nach dem andalusischen Dichter benannte – *Gran Teatro de La Habana García Lorca* die Heimstatt des kubanischen Nationalballetts unter Alicia Alonso.

Lorca selbst besuchte übrigens lieber die mit pornographischen Einlagen gewürzten volkstümlichen und politischen Satiren im **Teatro Alhambra**. Der Dichter war entzückt von diesem reinen Männeretablissement, das mit einer Art Neuerfindung der Opera buffa auch in intellektuellen Kreisen großen Anklang fand. Dieses Theater lag zwei Häuserblocks vom *Gran Teatro Nacional* entfernt, an der Straßenkreuzung Consulado und Virtudes; es wurde 1935 durch einen Brand zerstört.

Zuckeraristokratie und Großbürgertum aber kamen im *Teatro Nacional* auf ihre Kosten, wo die weltbesten Dirigenten, Musiker und Opernsänger auftraten. Darunter auch Enrico Caruso, der am 5. Mai 1920 an Bord der *Miami* Havanna erreichte. Mit ihm reisten sein Sekretär Bruno Zirato, zwei Diener und sein Repetitor. »Ich kam hier um sieben Uhr morgens an und wurde von den erlesensten Kreisen der Stadt empfangen«, schreibt Caruso an seine Frau Dorothy Park. »Als das Schiff anlegte, ertönte ein anhaltender Applaus, der von einer Menge aus Hunderten von Menschen kam, die sich im Hafen versammelt hatte. Drei Stunden lang unterhielt ich mich mit Reportern und Musikliebhabern, und erst um zehn Uhr war es mir möglich, etwas auszuruhen.« Noch am selben Tag war er zum Abendessen bei Staatspräsident Mario Menocal eingeladen.

Der Impresario Adolfo Bracale hatte mit Caruso in New York eine Rekordsumme von zehntausend Dollar pro Konzert ausgehandelt, in Kuba sollte der Tenor acht Abendvorstellungen und zwei Matinees zu ermäßigtem Preis geben. Am 12. Mai fand die erste Aufführung im *Teatro Nacional* statt: Zusammen mit der spanischen Sopranistin María Barrientos sang Caruso die Oper *Martha* von Friedrich von Flotow. Die Presse war überwiegend angetan, doch es gab auch Kritik. Der große Tenor zeigte sich nämlich, ein Jahr vor seinem Tod, längst nicht mehr so stimmgewaltig wie noch auf dem Höhepunkt seiner Karriere; inzwischen rauchte er täglich an die fünfzig Zigaretten, hatte chronische Kopfschmerzen, und die Leber machte ihm zu schaffen. Außerdem setzte ihm die Hitze zu, die ihn, wie er seiner Frau schrieb, nachts nicht schlafen ließ. Klimaanlagen gab es damals weder in den Hotels noch im Theater selbst. Und so fanden die Konzerte manchmal bei offenen Fenstern und Türen statt, durch die alle Straßengeräusche hereinwehten. Caruso mußte das mehr als empört haben.

Von seinem Besuch in Havanna aber sollte ihm vor allem die Matinee von *Aida* am 13. Juni in Erinnerung bleiben, die jäh von einem Anschlag unterbrochen worden war. Seiner Frau berichtete Caruso einen Tag später von einer »furchtbaren Explosion«, die ihn in seiner Garderobe zu Boden warf. Tatsächlich handelte es sich dabei um einen eher harmlosen Sprengsatz, den die Belegschaft des *Centro Gallego* während eines wütenden Arbeitskampfes mit der Direktion in den Publikumstoiletten deponiert hatte.

Alejo Carpentier dichtet den Vorfall etwas anders nach. In seinem für einen Dokumentarfilm von 1973 verfaßten Text *Über Havanna* schreibt er von einem »Knallfrosch«, der in den Orchestergraben geworfen wurde. »Da bekam Caruso, der überaus ängstlich war, einen furchtbaren Schreck, stürzte durch die Hintertür des Teatro Nacional hinaus und beginnt um drei Uhr mittags durch die Calle San Rafael zu rennen. Zwei Straßen weiter trifft er auf einen Polizisten namens Veneno ... und dieser packt ihn an der Hand und sagt: ›Was ist denn da los? Hier ist kein Karneval, wo man verkleidet auf die Straße geht!‹ Und da erwidert Caruso, der kein Spanisch konnte: ›*Io non sono in carnavale, io sono un grande tenore ... vestito de Radames, io sono il tenore Caruso.*‹ Der Polizist starrt ihn an und sagt: ›He, und außerdem noch als Frau verkleidet? Los, auf die Polizeiwache!‹ Und der arme Caruso mußte vom

Botschafter seines Landes aus der Polizeiwache geholt werden.«

Wohin der Tenor in seiner Panik wirklich flüchtete – er blieb einige Tage lang unauffindbar –, ist allerdings sein Geheimnis geblieben. Zuletzt hat es die kubanische Schriftstellerin Mayra Montero zu lüften versucht, die hinter dem Anschlag eine Verschwörung der sizilianischen *Mano Nera* sieht. In ihrem Roman *Wo Aida Caruso fand* (1998), einer beeindruckenden Mischung aus historischer Recherche und Fiktion, läßt sie den als Radames kostümierten Sänger in die Küche des nebenliegenden *Hotels Inglaterra* stürmen. Dort findet er Schutz in den Armen einer chinesischen Mulattin namens Aida, beginnt mit ihr eine – tragische – Romanze, die Caruso in den afrokubanischen Ahnenkult entführt und aus der schließlich ein Töchterchen hervorgeht.

Das 1875 eröffnete **Hotel Inglaterra**, das älteste der Stadt, war jedoch auch die vornehme Kulisse für reale literaturhistorische Ereignisse. Im April 1879, fünf Monate vor seiner Deportation nach Spanien, sprach sich der Dichter José Martí hier während eines Banketts gegen die Aussöhnung mit der spanischen Kolonialregierung aus. Darauf nahm die chilenische Lyrikerin Gabriela Mistral (1889-1957) in einer Dankesrede Bezug, als ihr am 15. Juli 1922 in den gleichen Räumen eine öffentliche Ehrung zuteil wurde. Mistral – die 1945 als erste und bislang einzige lateinamerikanische Frau den Nobelpreis für Literatur erhielt – befand sich auf der Durchreise nach Mexiko und verbrachte vier Tage in Havanna. Kurz zuvor war ihr sinnlicher Gedichtband *Desolación* (»Trostlosigkeit«) erschienen, der vom internationalen Publikum mit Begeisterung aufgenommen wurde. Obwohl Mistral meist metrisch formvollendete Sonette und Alexandriner verfaßte, fühlte sie sich zu den *Einfachen Versen* Martís hingezogen. Mit dem Kubaner verband sie außerdem ihre frühe journalistische Tätigkeit, und ihre ersten Gedichte waren vom lateinamerikanischen *Modernismo* beeinflußt, zu dessen Begründern Martí zählte. »In Martí hatte sich mir Kuba angekündigt, wie die Meeresbrise das Aroma der noch entfernten Küste heranträgt«, sagte Mistral in ihrer Rede, die *El Fígaro* am 16. Juli 1922 abdruckte. Aber nicht nur Martí, auch die Kubaner bezeichnete Mistral als Gestalten, von deren Licht und Sympathie sie sich durchdrungen fühlte.

Die weiße Marmorstatue von José Martí hatte Gabriela Mistral schon damals sehen können; sie steht gegenüber dem *Hotel Inglaterra* im **Parque Central** und wurde 1905 errichtet – als erstes dem Freiheitshelden geweihtes Denkmal auf Kuba. Erst zwanzig Jahre später entwarf Jean Claude Forestier den Park dazu: Die achtundzwanzig Königspalmen um das Monument spielen auf Martís Geburtstag an – den 28. Januar 1853 – und wirken mit ihren hohen, eleganten Stämmen zugleich wie ein vegetabilischer Widerschein der rings um den Park laufenden Säulengänge.

Eine dieser Kolonnaden, an der Ostseite des *Parque Central*, umschließt den Sitz des ehemaligen **Centro Asturiano**. Das majestätische Gebäude mit seiner strengen spanischen Renaissance-Fassade wurde 1927 fertiggestellt und diente der Gesellschaft der Asturier als Kulturzentrum. Nicht ganz zufällig steht es, nur durch den Park getrennt, vis-à-vis dem *Gran Teatro Nacional*, in dessen Bau auch die Galicier ihr Zentrum betrieben. Die beiden mächtigsten Gesellschaften unter den damals in Havanna lebenden Spaniern rivalisierten miteinander: in einer überschwenglichen Architektur, aber auch in kultureller, wirtschaftlicher und politischer Hinsicht. Als der Bürgerkrieg in Spanien tobte, ergriffen die Galicier für den aus ihrer Heimat stammenden General Franco Partei, die Asturier für die Republik.

In seinem historischen, detailgenau recherchierten Kriminalroman *Wiedersehen in Havanna* (1999) läßt der spanische Schriftsteller Miguel Barroso seinen Helden Losada – der sich am Vorabend der kubanischen Revolution auf die Suche nach seinem Kameraden macht – die Freitreppe des *Centro Asturiano* hinaufsteigen. Die Pracht, die sich im Inneren entfaltet, raubt ihm den Atem: »Die Treppe führte zu einer Art überdachtem Innenhof mit einem Oberlicht, dessen Glasmalereien eine asturische Version der Entdeckung Amerikas zeigten: Auf den Karavellen von Kolumbus flatterte die asturische Fahne, und das Ganze wurde von Girlanden und Rosetten mit dem Wappen Asturiens umrahmt. Der Hausmeister war im letzten Stockwerk mit einigen Arbeitern, die den Tanzsaal schmückten. Ein Fresko mit aufgewühltem Meer, Berglandschaften und einfachen, edlen Bauern zierte das Deckengewölbe. Von den umlaufenden Bögen hingen vergoldete Kronleuchter. An dem größten, in der Mitte des Saales, leuchteten so viele Glühbirnen wie bei einem Straßenfest in einem reichen Viertel.«

Der Festsaal war fünfzehn Meter hoch und hatte eine Fläche von zweitausend Quadratmetern. Zu den Bällen traf sich, genauso wie im *Centro Gallego*, die Mittelschicht; hier knüpfte man auch erste Kontakte zum anderen Geschlecht. »Die Mädchen waren Wesen, die in ihr Haus verbannt waren und nur mit jungen Männern in Berührung kamen, wenn sie an einem Ball teilnahmen«, erinnert sich Alejo Carpentier. »Aber Vorsicht, nicht mehr als zwei Stücke pro Abend. Die Mädchen hatten eine Tanzkarte bei sich, und jeder Tanz mußte vermerkt werden. Die Leute fingen an zu tuscheln, wenn ein Mädchen mehr als zwei Stücke mit demselben Jungen tanzte. Dann, nach diesem Ball, erhielt der junge Mann Zutritt zum Haus, ›entrada‹ nannte man das. Das war das Recht, in dem Haus Besuche zu machen, natürlich unter strengster Aufsicht.«

Nach der Revolution von 1959 lösten sich die mächtigen

Institutionen der spanischen Landsmannschaften langsam auf, heute ist im ehemaligen *Centro Asturiano* eine Filiale des **Museo de Bellas Artes** untergebracht. Sie beherbergt eine Pinakothek europäischer (15. bis 20. Jahrhundert), nord- und lateinamerikanischer Werke sowie eine umfangreiche Antikensammlung. Mag das 2001 instand gesetzte Gebäude seine soziale Bedeutung von einst verloren haben, so ist der *Parque Central* weiterhin ein lebhafter Treffpunkt geblieben. Hier streitet man sich über die jüngsten Baseball-Ergebnisse, Liebespärchen sitzen auf den Bänken, Zeitungsverkäufer schlendern über den Platz – und Schlepper halten Ausschau nach willfährigen Touristen, die aus den umliegenden Hotels oder vom Paseo del Prado kommen.

»An jeder Ecke standen Männer, die ihm ›Taxi‹ zuriefen, als ob er ein Fremder wäre«, schreibt Graham Greene in *Unser Mann in Havanna*. »Und auf dem ganzen Paseo sprachen ihn alle paar Meter Zuhälter an, mechanisch, ohne echte Hoffnung. ›Kann ich Ihnen zu Diensten sein, mein Herr?‹ ›Ich kenne alle hübschen Mädchen.‹ ›Sie wünschen eine schöne Frau?‹ ›Postkarten?‹ ›Wollen Sie einen Pornofilm sehen?‹« So drastisch wie 1958, als es auf Kuba etwa hunderttausend Prostituierte gab und Havanna in den USA als »Bordell der Karibik« galt, geht es allerdings nicht mehr zu. Prostitution hat es nach der Revolution dennoch gegeben, und zwar infolge der »Sonderperiode«, als die Bevölkerung in den Neunzigern ums nackte Überleben kämpfte, während die Regierung die »Dollarisierung« der Wirtschaft betrieb und auf den Fremdenverkehr setzte. Junge Frauen auf der Jagd nach devisenträchtigen Kunden hat der Volksmund *Jineteras* getauft, »Reiterinnen«, die spendablen Touristen aufsatteln. Sie kommen zunächst als kaffeebraune Ciceronen daher, erzählen von den tausend Kalamitäten des kubanischen Alltags und entpuppen sich schließlich als tropische Geishas.

»Das uralte Gewerbe kehrte nach Havanna zurück, aber ein Großteil seiner Mechanismen schien auf dem Rückweg verloren gegangen zu sein«, schreibt Antonio José Ponte in *Der Ruinenwächter von Havanna* (2007). Die Gelegenheitsprostituierten »überraschten ihre Freier mit einer völlig neuen Art der Tarifgestaltung«, sie schenkten ihnen Zeit, täuschten persönliche Zuneigung vor und gaben sich mit jenen Artikeln zufrieden, die es nur in den Hotels gab: »Ein Bier, ein Lied, ein Parfum, jede dahingleitende Schönheit war ein mächtiges Symbol. Sie sahen die Hotels als Verheißung eines kommenden Lebens ... Und während die offizielle Rhetorik behauptete, die Würde im Land sei unverletzt, tat die neue Prostitution das ihre, damit auch die Schönheitserwartungen nicht unberücksichtigt blieben ... Die *Jineteras* und *Jineteros* waren die einzigen Ästheten in dem, was regierungsseitig ›Sonderperiode in Friedenszeiten‹ genannt wurde und eine nicht unbedeutende Krise in der Krise war, die wir seit Jahrzehnten mit uns herumschleppten.«

Von der Nordseite des *Parque Central* schaut man bereits auf den begrünten Teil des **Paseo del Prado**. Die 1772 vom Marqués de la Torre angelegte und nach ihrem Madrider Vorbild benannte Promenade ist von jeher der Salon der Stadt gewesen. Noch bis ins 19. Jahrhundert lag sie im »Grünland« außerhalb der Mauern, und in ihrer »belebenden Frische« lernte sie auch Alexander von Humboldt kennen. »Nach Sonnenuntergang verkehren hier viele Wagen«, notierte der Wissenschaftler. Die Spazierfahrten in Kutschen und Kaleschen von der Festung *La Punta* am Meer bis zum südlichen Ende am *Campo del Marte* (wo sich heute der *Parque de la Fraternidad* befindet) gehörten zum Alltag des kolonialen Bürgertums. Nach dem Abriß der Stadtmauer 1863 ließen sich die wohlhabenden spanischen Bürger allmählich repräsentative Häuser bauen, die heute den

Lebhafter Treffpunkt und schattige Oase: der *Parque Central*.

Prado säumen. In ihrer Architektur spiegeln sich der damals in Katalonien beginnende Modernismus, Zuckerbäcker-Novitäten aus Madrid und die in Asturien vorherrschende Neoklassik. Alle diese Stile wurden noch mit eklektischen Beigaben versehen, etwa maurischen Zierbögen, und den lokalen Gegebenheiten angepaßt. Dazu gehören besonders die den gesamten Boulevard flankierenden Säulengänge.

Wieder war es Forestier, der den Prado als urbanen, eleganten Salon des 20. Jahrhunderts gestaltete, als eine Art karibische Rambla. Die Promenade ließ er etwas erhöhen, an den Seiten Lorbeerbäume pflanzen, er ließ bronzene Laternen und Löwen aufstellen und die Bänke aus einem Material errichten, das an den geologischen Ursprung Kubas erinnert: koralliner Kalkstein.

»Die alte Straße mit den alten Platanen, wie die Rambla in Barcelona, Corso am Abend, die Allee der schönen Menschen, unglaublich«, läßt Max Frisch seinen Helden im Roman *Homo faber* schwärmen. Zwar irrt sich Walter Faber, der unverbesserliche Techniker, in der Pflanzenart, doch

ansonsten skizziert er den Prado nicht nur präzise, sondern geradezu sinnenfroh. »*El Prado*: Die grüne Dämmerung, die Eisverkäufer; auf der Mauer unter den Laternen sitzen die Mädchen (in Gruppen) und lachen ... die Vögel mit ihrem Zwitschern und das Schattennetz auf dem Boden ... Alles spaziert, alles lacht.« – Faber genießt seinen Aufenthalt in vollen Zügen, taucht ein ins Leben: »Wenn ich wieder auf den Prado gehe, so ist es wieder wie eine Halluzination: – lauter schöne Mädchen, auch die Männer sehr schön, lauter wunderbare Menschen, die Mischung von Neger und Spanier, ich komme nicht aus dem Gaffen heraus: ihr aufrechter und fließender Gang, die Mädchen in blauen Glockenröckchen, ihr weißes Kopftuch, Fesseln wie bei Negerinnen, ihre nackten Rücken sind gerade so dunkel wie der Schatten unter den Platanen, infolgedessen sieht man auf den ersten Blick bloß ihre Röcke, blau oder lila, ihr weißes Kopftuch und das weiße Gebiß, wenn sie lachen, das Weiß ihrer Augen; ihre Ohrringe blinken –«
Havanna bedeutet eine Zäsur in Fabers Leben, das sich dem Ende zuneigt. Hier schreibt der zuvor unversöhnliche, strikt rationale Techniker plötzlich Worte wie »Freude«, »Begierde« und »Lebenslust« in seinen Bericht und fällt den »Entschluß, anders zu leben«. Der dunklen Hautfarbe der Kubaner stellt er abschätzig die »rosige Bratwurst-Haut« der Nordamerikaner entgegen, deren »Way of Life« und »Vakuum zwischen den Lenden« er nun leidenschaftlich ablehnt. Die späte Lebenskrise mit Schauplatz auf dem Prado entlädt sich schließlich wie ein Gewitter und übt auf Faber eine reinigende, kathartische Wirkung aus: »– wie ich allein unter den Arkaden sitze in einem gelben Schaukelstuhl, ringsum rauscht es, ein plötzlicher Platzregen mit Wind, die Allee ist plötzlich ohne Menschen, wie Alarm, Knall der Storen, draußen die Spritzer über dem Pflaster: wie ein plötzliches Beet von Narzissen (vor allem unter

den Laternen) weiß – … Ab und zu duscht es unter die Arkaden, Blüten-Konfetti, dann der Geruch von heißem Laub und die plötzliche Kühle auf der Haut, ab und zu Blitze, aber der Wasserfall ist lauter als alles Gedonner, ich schaukle und lache, Wind, das Schaukeln der leeren Sessel neben mir, die Flagge von Cuba.«

Im Roman fällt Fabers Havanna-Aufenthalt in die Regenzeit, er ist auf den »9.-13. VII.« datiert. Über die Reise Frischs hingegen wissen wir nur wenig; für die Zeitspanne zwischen 1950 bis 1965 liegt bislang kein veröffentlichtes Tagebuch vor. Er hat jedoch die Schauplätze von *Homo faber* größtenteils selbst besucht. Im Mai 1956 nahm der ehemalige Architekt an der *International Design Conference* in Aspen (Colorado) teil, im Juni und Juli reiste er über Mexiko-Stadt nach Yucatán und von dort per Schiff weiter nach Havanna. *Homo faber* erschien 1957. Die Reiseroute Frischs deckt sich also in der Entstehungszeit des Romans weitgehend mit der seines Protagonisten. In welchem Hotel der Schriftsteller in Havanna abstieg, ist allerdings nicht bekannt; in *Homo faber* heißt es nur: »Meine Rast im Hotel – immer wieder – mit Duschen, dann kleiderlos auf dem Bett, Ventilator-Wind, ich liege und rauche Zigarren.« Da Faber im Roman »die grüne Dämmerung mit Neon-Reklame« abends und den »Krawall der Vögel im Morgengrauen« erwähnt, könnte auch Frischs Hotel unmittelbar am Prado gelegen haben. In diesem Fall kommen nur zwei Häuser in Frage, an denen unser Spaziergang noch vorbeiführt: das *Hotel Sevilla* und das *Hotel Packard*.

Wäre Max Frisch zwei Jahre später den Prado entlanggeschlendert, dann hätte er auch Meyer Lansky über den Weg laufen können, der sich hier unerkannt fast jeden Abend die Beine vertrat.

Der Mobster russischer Abstammung war als Kind mit seiner Familie nach New York übergesiedelt und begann dort während der Prohibition seine kriminelle Karriere in der Gang von Charles »Lucky« Luciano. Schließlich wurde er Chef jenes Mafia-Clans, der das Glücksspiel in Las Vegas und Havanna kontrollierte. Ihm ist auch die Figur des Hyman Roth im zweiten Teil von Francis Ford Coppolas Film *Der Pate* nachempfunden.

Meyer Lansky, der sich seit Ende der vierziger Jahre in Havanna aufhielt, hatte im Dezember 1957 seine Suite im *Hotel Nacional* aufgegeben (siehe Siebter Spaziergang) und war – nach der bleihaltigen Kriegserklärung an die Sizilianer in New York, die an den florierenden Geschäften auf Kuba beteiligt werden wollten – untergetaucht. Erst heute ist bekannt, daß Lansky bei seiner Geliebten Carmen Unterschlupf fand; ihre Wohnung lag am Paseo del Prado 254, zwischen den Straßen Trocadero und Ánimas. Das berichtet Jaime Casielles, der kubanische Chauffeur und Leibwächter Meyer Lanskys, in seinen Erinnerungen. Der Schriftsteller Enrique Cirules hat sie in dem Buch *La vida secreta de Meyer Lansky en La Habana* protokolliert. »Carmen zahlte monatlich dreihundert Pesos Miete für jene Wohnung, die sehr geschmackvoll eingerichtet war. Sie lag an einem strategisch günstigen Ort, der in dieser belebten, lärmenden Umgebung voller Lichter zugleich etwas unschuldig wirkte – gegenüber dem Hotel Sevilla Biltmore, man mußte nur den Paseo del Prado überqueren.« Abends, wenn er nicht gerade vor dem Fernseher saß oder einen Spaziergang machte, hielt sich Meyer Lansky auf dem Balkon auf. »Gewöhnlich hockte er in der rechten Ecke, zwischen der Wand und einer der beiden Säulen, beschützt von einer Bogenwölbung; ein Balkon, der von der Straße und den umliegenden Häusern aus kaum einsehbar war. Lansky selbst konnte jedoch aus seinem Winkel heraus sogar das ferne Leuchtfeuer von El Morro sehen.« Folgen wir einstweilen den Spuren Meyer Lanskys und machen einen Abstecher zum **Hotel Sevilla**. Der Haupteingang mit seiner nach dem Vorbild der Alhambra gestalteten maurischen Fassade liegt in der Calle Trocadero, einer Seitenstraße des Paseo del Prado. Das bereits 1908 eröffnete Luxushotel wurde 1920 von der nordamerikanischen *Biltmore*-Kette übernommen und zwei Jahre später um zehn Stockwerke erhöht. Hier stiegen Enrico Caruso und Josephine Baker ab und Al Capone, der mit seinem Gefolge die ganze sechste Etage belegt haben soll. Auch in Greenes Roman *Unser Mann in Havanna* kommt das Hotel vor. Als frischgebackener Agent sucht Wormold, nachdem er sich »durch das Dunkel in der Bar des Seville-Biltmore« getastet hat, seinen Anwerber Hawthorne im Zimmer 501 auf, um den geheimdienstlichen Buchcode zu erlernen. In der obersten Etage, die einen herrlichen Ausblick auf die halbe Stadt bietet, befand sich das Spielcasino des Mafioso Amletto Battisti y Lora. Der Gegenspieler Meyer Lanskys hatte das Hotel 1939 übernommen, saß im kubanischen Abgeordnetenhaus und war im Drogengeschäft tätig.

Das einträgliche Glücksspiel der Mafia sollte erst mit der Flucht von Diktator Fulgencio Batista ein jähes Ende finden. Der setzte sich in der Silvesternacht 1958 samt Entourage und einem Großteil der Staatskasse in die Dominikanische Republik ab. Die Rebellen unter dem Kommando von Fidel Castro hatten gesiegt. »Jeder, der das morgendliche Havanna kannte, sah mit einem Blick, wie viel sich verändert hatte«, schreibt Barroso in *Wiedersehen in Havanna* über den Neujahrstag 1959. »In Monserrate vermißte man die Trostlosigkeit der Betrunkenen und die bedrohlichen Polizeipatrouillen. Statt dessen kontrollierten jugendliche Posten die Umgebung des Präsidentenpalastes. Sie trugen rotschwarze Armbinden mit der Aufschrift ›M-26-7‹, Bewegung des 26. Juli. Größere Gruppen zogen jubelnd durch die Stadt und schwenkten die kubanische Fahne.«

Amletto Battisti war noch in der Nacht geflohen, Meyer Lansky indessen ließ sich bis in die Morgenstunden des 1. Januar Zeit, um die millionenschweren Gewinne aus den eigenen Spielcasinos persönlich abzuschöpfen. Am 9. Januar gelang es ihm, Kuba unerkannt und mit mehreren Geldkoffern zu verlassen.

Bevor es nun zum ehemaligen Präsidentenpalast geht, könnten wir noch auf einen Cocktail in **Sloppy Joe's Bar**. Das Lokal befindet sich nur einen Häuserblock südlich vom Hotel Sevilla an der Straßenkreuzung Zulueta und Ánimas. Die legendäre, hinter hohen Arkaden versteckte Bar war seit den zwanziger Jahren die beliebteste Anlaufstelle für amerikanische Touristen. Während der Prohibition lautete ihr Slogan: *First port of call, out where the wet begins*, nach dem Zweiten Weltkrieg klang er schlichter: *Where the great of the world and the not-so-great meet daily*. Zu den »großen« Besuchern zählten neben namhaften Schauspielern und Ernest Hemingway wohl auch die Mitglieder der sechsunddreißig verschiedenen Mafia-Clans, die das Lokal im Dezember 1946 am Rande ihrer »Havannakonferenz« besuchten (siehe Siebter Spaziergang).

In Graham Greenes *Unser Mann in Havanna* findet im *Sloppy Joe's* – auf der Herrentoilette – das Anwerbungsgespräch zwischen dem Agenten Hawthorne und Wormold statt. Als einer der letzten »großen« Gäste dürfte Alec Guinness in der Romanverfilmung von 1959 an der Theke gestanden haben, denn ein Jahr später wurde das Lokal nach einem Brand geschlossen. Für die jüngst wiederaufgebaute Bar wird allerdings auch in Zukunft gelten, was Greene schon in seinem Roman vermerkt hat: »Kein Einwohner von Havanna ging je zu Sloppy Joe, weil das der Touristentreffpunkt war.«

Gehen wir jetzt die Calle Zulueta in nördlicher Richtung hinunter, so kommen wir an der Ecke zur Trocadero zunächst am gewaltigen **Palacio de Bellas Artes** (1954) vorbei, dem Hauptsitz des *Museo de Bellas Artes*. Das Museum erhebt sich auf einem Gelände, wo zuvor die größte städtische Markthalle stand, und widmet sich – einzigartig in Lateinamerika – ausschließlich der bildenden Kunst des eigenen Landes, vom 18. Jahrhundert bis in die Gegenwart. Eine ergänzende Auswahl von Werken der kubanischen Moderne bietet übrigens die Privatsammlung im Haus von José Lezama Lima, das wir noch besuchen werden (siehe Sechster Spaziergang).

Gegenüber dem Museum, unter einem gläsernen, von Königspalmen umgebenen Pavillon ist wie eine Reliquie der Revolution die Motoryacht **Granma** ausgestellt. Auf dem Schiff, das am 25. November 1956 den mexikanischen Hafen Tuxpán verließ und sieben Tage später in einer Bucht an der Südostküste Kubas landete, befanden sich Fidel Castro, Che Guevara und weitere achtzig Männer, die sich zum bewaffneten Kampf gegen die Batista-Diktatur gerüstet hatten.

In seinem *Kubanischen Tagebuch* (1960) hat Guevara den Guerilla-Kampf nachträglich und etwas vereinfacht als »Heldenepos« dargestellt: Unmittelbar nach der Landung werden die Guerilleros von Marinefliegern überrascht, lediglich fünfzehn Mann können sich retten und erreichen nur mehr als »Schattenheer« die Gebirgswälder der Sierra Maestra; doch binnen fünfundzwanzig Monaten gelingt es den gestrandeten Freiheitskämpfern, in der Sierra Maestra ein Volksheer aufzustellen, das in Richtung Havanna vordringt und am 31. Dezember 1958 – nach der Schlacht um Santa Clara, wo Guevara die entscheidende Nachschublinie des Feindes kappt – den Sieg über Batistas Truppen herbeiführt.

Ches *Kubanisches Tagebuch* trug rasch zur Mythologisierung der Revolution bei. Seine Erfahrungen in der kubanischen Guerilla verarbeitete der *Comandante* zu einem Modell, das auch für andere Länder Lateinamerikas Gültigkeit besitzen sollte. Dort entstanden in den sechziger Jahren zahlreiche Guerilla-Gruppen, die dem Modell Guevaras blind folgten, aufständische Brennpunkte auf dem Land schufen und schließlich – wie Che selbst 1967 in Bolivien – scheiterten.

Gleichzeitig setzte Che Guevara mit seinem *Kubanischen* und *Bolivianischen Tagebuch* den Aufschwung einer völlig neuen Sparte der Testimonialliteratur in Gang: Selbstzeugnisse lateinamerikanischer Guerilleros konnten durchaus literarischen Rang einnehmen, einige von ihnen sind sogar vom angesehenen kubanischen Kulturinstitut *Casa de las Américas* (siehe Achter Spaziergang) prämiert worden.

Zurück zur *Granma*. Das Denkmal ist Teil des **Museo de la Revolución**, der wiederum im ehemaligen **Palacio Presidencial** eingerichtet ist. Der Eingang liegt in der Calle Refugio, von dort blickt man auf eine Reiterstatue des Unabhängigkeitshelden Máximo Gómez und den *Baluarte del Ángel*, einen Wachturm der historischen Stadtmauer. Der 1920 errichtete eklektische Barockpalast war bis zur Fertigstellung des *Capitolio* das höchste Gebäude der Stadt und diente sechs Präsidenten als Regierungssitz. Der letzte von ihnen, Fulgencio Batista, hatte sich 1952 an die Macht geputscht und stand mit seinem Staat im Dienste der Mafia.

Zu Batistas wichtigsten Geschäftspartnern gehörte Meyer Lansky, der sich regelmäßig mit dem Diktator traf und als dessen Berater fungierte. Im bereits erwähnten Buch von Enrique Cirules erinnert sich Lanskys Chauffeur und Leibwächter Jaime Cassielles besonders an eine jener Zusammenkünfte während des Jahres 1958. Als er mit seinem Chef zu den Diensträumen des Diktators im Präsidentenpalast geführt wird, staunt er: »Meine Überraschung war groß, als ich Batista sah, aus unmittelbarer Nähe … er trug einen kostbaren Anzug aus cremefarbenem Drillich. Neben ihm stand General Roberto Fernández, Batistas Schwager, der nicht nur Kommandant der Festung La Cabaña war, wo sich das Artillerieregiment von Havanna befand, sondern der auch eine spezielle Einheit der Polizei zum Schutz der Casinos befehligte.« Das Gespräch dauert eine Stunde, Casielles hat vor dem Büro des Diktators zu warten. Als Meyer Lansky wieder im schwarzen Mercedes sitzt, zeigt er plötzlich unverhohlen seinen Ärger darüber, »daß sich die Beziehungen mit Batista immer schwieriger gestalten, daß dieser Mann jedesmal mehr und mehr fordert«. Casielles versteht das nicht sofort, Lansky wird deutlicher: »Zaster, Jaime, Zaster! Mehr Geld! Dieser Mann ist unersättlich!«

Batista wußte, daß jedes Casino pro Nacht einen Gewinn von mindestens einer Million Dollar abwarf. Er und seine Offiziere verlangten daher nach und nach einen immer höheren Anteil. Meyer Lansky aber befürchtete, daß Batista und sein »Generalito« Fernández mit ihrer Habgier auch seinen großen Plan durchkreuzen könnten: ins Bank- und Immobiliengeschäft einzusteigen und beim kubanischen Tourismusprojekt mitzuwirken. Leonardo Padura, dessen Kriminalroman *Der Nebel von gestern* (2005) auch in jene Zeit zurückführt, beschreibt, was dieses Projekt für den Mobster verhieß: »eine ›goldene Küste‹ zwischen El Mariel und Varadero, ein mehr als zweihundert Kilometer langer, traumhafter Küstenstreifen, knapp neunzig Meilen von Florida entfernt, nur vierzig Flugminuten von Miami, eine ›blaue Linie‹ entlang dem warmen Golfstrom, mit den schönsten Stränden der Welt und ganz besonders gut geeignet für den Bau von Hotels, Spielcasinos, Luxusappartements, Yachtklubs, Restaurants und unzähligen weiteren Attraktionen, die zweifellos innerhalb weniger Jahre beinahe unvorstellbare Millionensummen in seine Taschen spülen würde«.

Durch die Calle Refugio kehren wir wieder auf den Paseo del Prado zurück. Zwar sind die »Kaffeehäuser« und »Reklameschilder«, wie sie etwa Wladimir Majakowski 1925 noch zu Gesicht bekam, heute ebensowenig zu sehen wie die von Frisch erwähnten Banken, Eisverkäufer und die »grüne Dämmerung mit Neon-Reklame darin«. Doch auf dem Boulevard pulsiert das öffentliche Leben noch immer, und nach umfangreichen Restaurierungsarbeiten erstrahlen die meisten historischen Häuser, die ihn säumen, in neuem Glanz.

An der Ecke zur Calle Cárcel wird nun auch das altehrwürdige **Hotel Packard** wieder aufgebaut, nach Plänen des spanischen Architekten Rafael Moneo, eines Spezialisten für internationale Museumsbauten. Im *Packard* war Pablo Neruda abgestiegen, als er 1942 zum erstenmal Havanna besuchte (siehe Dritter Spaziergang). Auch Marlon Brando, der sich im März 1956 inkognito in der Stadt aufhielt, logierte hier. Guillermo Cabrera Infante gegenüber, damals Filmredakteur der Zeitschrift *Carteles*, sprach der Schauspieler, zweiunddreißig Jahre alt und bereits mit einem Oscar prämiert, über seine Liebe zur afrokubanischen Musik und führte stolz eine Conga-Trommel vor, die er gerade für neunzig Cent erstanden hatte.

Die Sicht aus den Zimmern muß spektakulär gewesen sein. Schon von unten schaut man an dieser Stelle des Prado direkt auf die Hafeneinfahrt, im Vordergrund steht die Festung *San Salvador de la Punta*, von der anderen Seite der Bucht ragt der Leuchtturm von *El Morro* hervor.

Wo der Prado endet, beginnt der wohl eindrucksvollste öffentliche Raum Havannas – die nach dem Freiheitshelden Antonio Maceo benannte, doch eher unter dem Namen **Malecón** bekannte Uferpromenade. »Die lange Stadt breitete sich am offenen Atlantik aus; Wellen leckten über die Avenida de Maceo und beschlugen die Windschutzscheiben der Autos«, schreibt Graham Greene in *Unser Mann in Havanna*. »Die rosafarbenen, grauen, gelben Säulen im einst aristokratischen Viertel waren zerfressen wie Felsen ... Im Westen ragten die stählernen Wolkenkratzer des neuen Teils der Stadt höher in den klaren Februarhimmel als Leuchttürme. Es war eine Stadt für Besucher, keine Stadt zum Leben, aber es war die Stadt, in der Wormold sich zum ersten Mal verliebt hatte, und sie hielt ihn fest wie der Schauplatz einer Katastrophe.«

Solche Gedanken über die Stadt stellt nur an, wer ihre Skyline fast gänzlich vor Augen hat. Der *Malecón*, von 1901 bis 1957 in mehreren Abschnitten den Küstenstreifen entlang errichtet, bietet diese Perspektive. Doch die rund sieben Kilometer lange Uferstraße verbindet nicht nur Centro Habana mit dem Stadtteil Vedado im Westen, sondern auch die verschiedenen urbanen Welten Havannas. Am *Malecón* sind sie Kulisse und Bühne zugleich. »Ich sitze und rauche eine Zigarre, Gewitterwolken über der weißen Stadt: schwarz-violett, dazu der letzte Sonnenschein über den Hochhäusern«, heißt es in *Homo faber* stimmungsvoll.

Zur gleichen Zeit, gegen Ende der fünfziger Jahre, läßt Guillermo Cabrera Infante die Protagonisten in seinem Großstadtroman *Drei traurige Tiger* (1967) eine allabendliche Irrfahrt durch die Straßen von Havanna unternehmen, in erster Linie jedoch »eine einzige, ewige Fahrt über den Malecón, so wie jetzt, aber zu jeder Tages- und Nachtzeit, bei der wir die kariöse Landschaft zwischen dem Parque Maceo und La Punta entlangfahren, die alten Häuser, die letzten Endes wieder das geworden sind, was der Mensch dem Meer geraubt hat, um den Malecón zu bauen: eine neue Barriere von Klippen, immer dem Salpeter ausgesetzt und der sprühenden Gischt des Meeres, wenn es windig ist,

Der *Malecón*: Partymeile, Wetterseite und öffentlicher Salon der Stadt.

und an manchen Tagen den Wellen, wenn das Meer über die Straßen setzt und gegen die Häuser schlägt, sich auf der Suche nach der Küste, die man ihm entrissen hat, eine neue Küste, ein neues Ufer schafft.«

Freilich reicht der *Malecón* über seine Bedeutung als Verkehrsträger hinaus. Er ist Flanier- und Partymeile, dient Liebespaaren als Refugium, Kindern als Badestelle, er verspricht das kleine Anglerglück und bietet den weiten Horizont, er ist heimlicher Straßenstrich, Schwarzmarkt, Nachrichtenbörse – und jener Ort, an dem man der Allmutter und Königin des Salzwassers mit Blumengaben huldigt: Yemayá, deren Tänze so lebhaft und wellenförmig sind wie die Meereswogen.

Für Zoé Valdés, die sich in ihrem im Exil verfaßten Roman *Dir gehört mein Leben* (1999) wehmütig an Havanna erinnert, ist der *Malecón* so verheißungsvoll wie die Stadt selbst: »Havanna mit seinem salzigen Meeresdunst, der einem auf der Haut haften blieb. Havanna mit seinen frisch gebadeten, gepuderten, parfümierten und dennoch klebrigen Körpern. Körpern, die von Schweiß glänzten, dem Schweiß der Lust, der Lust am Tanz, dem Tanz der Liebe. Havanna mit seinen hitzigen Blicken, Reibungen, seinen glühenden, eng aneinandergeschmiegten Körpern ...«

Pedro Juan Gutiérrez, der daheimgebliebene, aber geschmähte Schriftsteller, der die Rolle eines Paria einnimmt, sieht den *Malecón* in seinem Roman *Schmutzige Havanna Trilogie* (1998) dagegen als Verhängnis, und zwar in den entbehrungsreichen Jahren der »Sonderperiode«: »Dort schoben sich Tausende und Abertausende von Leuten. Bei dieser Julischwüle kamen alle aus ihren Löchern gekrochen, um ein bisschen frische Luft zu schnappen und Musik zu hören. Es wurde langsam dunkel auf dem Malecón, und die Musik spielte laut. Genauer gesagt, erklang von allen Seiten unterschiedliche, laute Musik. Das Meer lag ruhig da. Nicht die leiseste Brise wehte. Es war stickig heiß, dunkel, rumorte von Tausenden Leuten und stank nach überlaufenden Abwässern.«

Vielleicht zeigt die Stadt, die sich zum friedlichen oder aufgebrachten Meer hin öffnet, am *Malecón* ihre verwundbarste Stelle. »Die Wolken rasten von Osten her heran, und Wormold hatte das Gefühl, ein Teil der langsamen Erosion von Havanna zu sein«, schreibt Graham Greene.

Der *Malecón* ist alles in einem: Wetterseite, Salon und lärmende Straße, Schauplatz von öffentlichen Protesten und privaten Revolten, Kulisse für Karneval und Romane – nirgends verdichtet sich Havanna stärker als an diesem Ort.

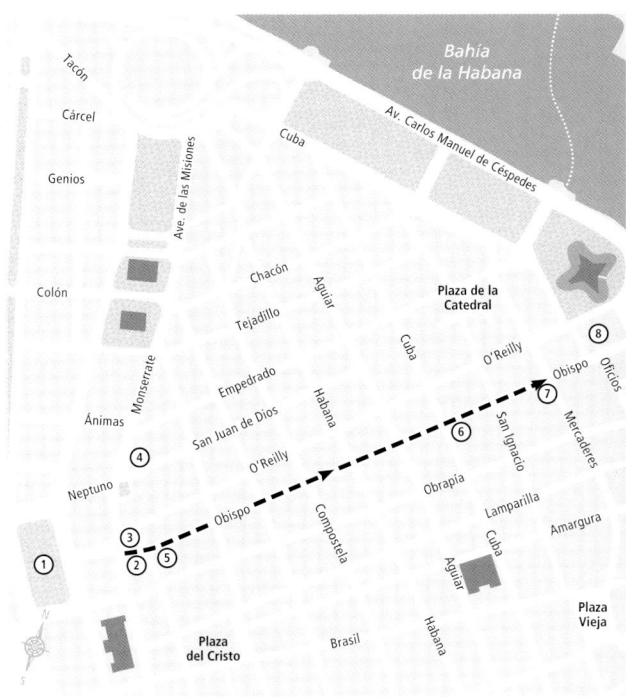

① Parque Central ② Bar Restaurante Floridita ③ Plazuela de Francisco de Albear
④ Edificio Bacardí ⑤ La Moderna Poesía ⑥ Banco Nacional de Cuba (Finanz-
ministerium) ⑦ Hotel Ambos Mundos ⑧ Plaza de Armas

»... und noch ein paar doppelte Daiquirís ...«

Fünfter Spaziergang

Vom *Floridita* zum *Hotel Ambos Mundos*:
Mit Ernest Hemingway durch die Calle Obispo

Walker Evans traf Mitte Mai 1933 in einer »Grenzstadt«
ein, wie er in sein undatiertes Tagebuch schrieb. Merkwür-
dig, denn mit seinen Theatern, einem Opernhaus von Weltrang, dem gerade eingeweihten *Capitolio* und neu angelegten, großzügigen Alleen ähnelte Havanna nicht unbedingt
berüchtigten Orten wie jenen an der mexikanischen Grenze zu den USA. Doch Evans richtete seinen Blick hinter die
prächtigen Fassaden – und spürte ein Klima der Angst und
Gewalt.
Der amerikanische Fotograf hatte den Auftrag, das Buch
Crime of Cuba zu illustrieren, in dem der Journalist Carleton Beals mit der Gewaltherrschaft Machados abrechnet.
»Die politische Lage ist kritisch«, notierte Evans in sein Tagebuch: Havanna wimmelte von Polizisten, Soldaten »mit
schweren Gewehren um die Schultern« und von bewaffneten Schwarzen, die zu Machados gefürchteten Milizen gehörten. Die erklärten Gegner der Diktatur – Politiker, kritische Journalisten und Studenten – landeten im Gefängnis,
zahllose von ihnen wurden systematisch liquidiert; oftmals,
indem man sie »auf der Flucht« erschoß oder sogar leben-
dig den Haien zum Fraß vorwarf. Machado erwies seinem
Beinamen »Der Schlächter« alle Ehre.
Keines der über vierhundert Fotos, die Evans in der Stadt
geschossen hat, zeigt jedoch ein Todesopfer jener staatlichen
Brutalität. Statt dessen widmet sich der Fotograf dem all-
täglichen Leben auf der Straße, er porträtiert – abseits von

Touristenpfaden und Baudenkmälern – auch die armen Bürger Havannas: Schuhputzer, Bettlerfamilien, Prostituierte, Stauer oder Kohleschaufler. Dazu fotografiert er Kneipeneingänge, Werbeplakate, Kinofassaden, Balkone – hier offenbart sich Evans' Vorliebe für die lebhafte Geometrie von Schrift und Architektur, die auch sein späteres Werk bestimmt.

Seine ruhigen, ungestellten Schwarzweißfotos wirken, als erzählten sie Geschichten, in ihnen fängt Evans eine geheimnisvolle, manchmal bedrückende Atmosphäre ein. Schließlich liefert er seinem Verlag eine eigenständige Sozialreportage, die den Text in *Crime of Cuba* eher ergänzt, als ihn bloß zu illustrieren, und die zu den eindrucksvollsten Dokumentationen gehört, die je in dieser Stadt entstanden sind. Sein vielleicht berühmtestes Foto – das auch den Umschlag der spanischen Originalausgabe von Miguel Barrosos Roman *Wiedersehen in Havanna* ziert – gibt ein Rätsel auf: Ein hagerer älterer Schwarzer, der einen eleganten weißen Leinenanzug und die modische »Kreissäge« auf dem Kopf trägt, steht unter einer Arkade vor einem Zeitungsstand. Wer ist dieser Mann? Hat sein forschender, selbstbewußter Blick mit jener Schlagzeile im Hintergrund zu tun, die einen neuerlichen Sieg des schwarzen kubanischen Boxweltmeisters *Kid Chocolate* von 1932 verkündet? Oder gehört er zu den Emporkömmlingen in Machados Geheimdienst? Nicht einmal Evans konnte sich da sicher sein.

Zwei Wochen wollte der Fotograf in der Stadt bleiben, für seine Recherchen kontaktierte er namhafte Oppositionspolitiker, für die ihm Carleton Beals Empfehlungsschreiben mitgegeben hatte. Doch von diesen Männern erfuhr er wenig, sie schienen ihm entweder korrupt oder ebenso ängstlich zu sein wie er selbst. Überall witterte Evans Schergen des Regimes, die ihn wie auch seine Kontakte überwachten. Mißmutig schlenderte er durch eine Stadt, die ihm – vor allem auf nächtlichen Streifzügen – gefährlich und verwildert vorkam und über die er in seinem Tagebuch schreibt: »Hier gibt es natürlich allerorten Geschichte, aber es ist eine Geschichte von Piraten, von überhöhten Taten einer untergegangenen Rasse, von immer wiederkehrender Unsicherheit.«

Die ganz alltägliche Gefahr bekam Evans auch am eigenen Leib zu spüren. Nachdem er einen Bus benutzt hatte, der »mit Spionen, Gegenspionen, Polizisten in Zivil und gewöhnlichen Dieben gefüllt« war, stellte er beim Aussteigen fest, daß der Inhalt seines Geldgürtels fehlte. Die Erkenntnis kam jedoch zu spät: »Kein Amerikaner in Havanna nahm je den Bus.« Zwar hatte Evans vorsorglich die andere Hälfte seines Honorarvorschusses im Hotelsafe deponiert, doch dieses Geld hätte nur noch für ein paar Tage gereicht. Daß Evans am Ende sogar fast einen Monat in Havanna bleiben konnte, verdankte er Ernest Hemingway.

Wie und wann genau sich die beiden Amerikaner trafen, ist ungewiß. Hemingway jedenfalls hielt sich bereits seit Ende April in der Stadt auf, wohnte im *Hotel Ambos Mundos* und fuhr auf der *Anita* regelmäßig vor die Küste zum Hochseeangeln. Über Evans sagte der Schriftsteller Jahre später, er sei ein »netter Junge« gewesen, der »hübsche« Fotos gemacht habe. Tatsächlich war der Fotograf mit seinen damals neunundzwanzig Jahren nicht wesentlich jünger als der vier Jahre ältere Hemingway. Und 1933 waren beide nicht mehr ganz unbekannt: Hemingway hatte die Romane *Fiesta* und *In einem anderen Land* veröffentlicht, Evans war durch Architekturfotografie, Gedichtillustrationen und zwei Ausstellungen in New York hervorgetreten.

»Ich hatte eine wunderbare Zeit mit Hemingway«, erinnerte sich der Fotograf später an die gemeinsame Zeit in Havanna. »Jede Nacht Trinken. Er hatte nichts zu tun und brauchte wohl einen Zechkumpanen, und ich übernahm diese Rolle zwei Wochen lang.« Eine Freundschaft ist daraus nicht entstanden, doch Hemingway zeigte sich hilfsbereit, lieh Evans Geld für einen verlängerten Aufenthalt, schmuggelte sogar die mutmaßlich kompromittierenden Abzüge des Fotografen auf seinem Boot in die USA – und brüstete sich später damit, daß beide gegen Machado gearbeitet hätten.

Zum allabendlichen – wohl kaum konspirativen – Trinkgelage trafen sich die beiden in Hemingways Lieblingslokal an der Straßenkreuzung Monserrate und Obispo, nur einen Häuserblock vom *Parque Central* entfernt: dem **Floridita**, einer Bar mit angegliedertem Restaurant für Meeresfrüchte. An der lachsfarbenen Fassade prangt heute die Unterschrift des Schriftstellers, daneben auf spanisch und englisch der Hinweis: »Die Wiege des Daiquirí«. Im zweiten Teil seines Romans *Inseln im Strom* hat Hemingway der Bar und ihrem Hausgetränk ein Denkmal gesetzt. Sein Held Thomas Hudson, der unverkennbar autobiographische Züge trägt, gehört zu den Stammgästen des Lokals, dessen Ambiente Hemingway um das Jahr 1950 beschreibt:

»Er hatte mittags in der *Floridita* angefangen, und er hatte zuerst mit kubanischen Politikern getrunken, die nur hereingekommen waren, um schnell einen zu nehmen, und danach mit Zuckerpflanzern und Reispflanzern und mit kubanischen Regierungsbeamten, die während der Mittagszeit einen nahmen, mit Zweiten und Dritten Sekretären von der Botschaft, die irgend jemanden in die *Floridita* auszuführen hatten, und mit diesen unvermeidlichen FBI-Leuten, die nett waren und immer versuchten, unauffällig auszusehen, geschniegelt, jugendlich-amerikanisch, und denen man trotzdem ihr Geschäft genauso deutlich ansah, als wenn sie auf ihre weißen Leinen- oder gestreiften Baumwollanzügen Achselklappen getragen hätten. Er hatte doppelte Daiquirís getrunken, von den großen, die Constante in überfrorenen Gläsern servierte, so daß sie nicht nach Alkohol schmeckten, und wenn man sie herunterkippte, schmeckten, als führe man mit Skiern einen verschneiten Gletscher hinunter, und der sechste oder achte schmeckte, als führe man einen Gletscher hinunter und wäre nicht angeseilt. Einige Navy-Leute, die er kannte, waren dazugekommen, und er hob einen mit ihnen, und dann mit einigen von der Hooligan Navy, auch Küstenwache genannt. Dabei war ihm das Gespräch zu fachmännisch geworden, denn er trank ja gerade, um davon loszukommen, also ging er ans untere Ende der Theke, wo die alten, angesehenen Huren saßen, die wunderbaren alten Huren, mit denen jeder Stammgast in der *Floridita* in den letzten zwanzig Jahren ein paarmal geschlafen hatte, und er hatte sich zu ihnen auf einen Barhocker gesetzt, sich ein Sandwich geben lassen und noch ein paar doppelte Daiquirís getrunken.«

Schon in den dreißiger Jahren galt Hemingway als der bedeutendste Gast des *Floridita*, auch soll der exzessive Daiquirí-Trinker hier des öfteren Streitigkeiten mit den Fäusten ausgetragen und seine Widersacher stracks auf die Straße befördert haben. Sein bevorzugter Platz befand sich neben dem Eingang an der linken Ecke der Theke, den Freunde mit einer Büste des Schriftstellers schmückten, nachdem ihm 1954 der Literaturnobelpreis verliehen worden war. Seit der Revolution und der Verstaatlichung des Lokals ist es – so die Legende – allein Fidel Castro gestattet gewesen, den durch eine rote Kordel abgetrennten Stammplatz Hemingways einzunehmen.

Der gastronomische Ruhm indes gebührt Constantino »Constante« Ribalaigua, unter dem das *Floridita* von 1914 bis 1952 zur Blüte kam. In einer »Zeremonie an Sorgfalt«, wie Hemingway urteilte, schuf der Eigentümer und Barmann aus Katalonien nicht weniger als hundertfünfzig Cocktail-Rezepte unter Verwendung von Rum, Zucker und ku-

»Wiege des Daiquirí«: die von Ernest Hemingway favorisierte Trinkstätte *Floridita*.

banischen Früchten. Sein größtes Verdienst ist zwar nicht die Erfindung, wohl aber die Vervollkommnung des Daiquirí – einer Mischung aus Rum, Limone, Zucker und zerstoßenem Eis, manchmal mit einem Schuß Maraschino versetzt. Da Hemingway den Daiquirí jedoch wie jedes andere Getränk ohne Zucker wünschte, erfand er vor den Augen Constantes im *Floridita* seine eigene Variante, indem er auf den Zucker verzichtete und die doppelte Menge an Rum und Eis beigab: den *Daiquirí Hemingway* oder *Doppelten Papa*.

Mary Welsh, Hemingways letzte Ehefrau, die nach dem Tod des Schriftstellers erst 1977 nach Havanna zurückkehrte, soll sich geweigert haben, das *Floridita* zu betreten. Sie ahnte wohl, daß der glamouröse Anruch von einst verlorengegangen war, auch fehlten ihr die ehrbaren Prostituierten, wie sie Hemingway in der sensiblen Figur der Honest Lil gezeichnet hatte. Ähnlich ernüchtert zeigt sich Hans Christoph Buch dreißig Jahre später in seiner Erzählung *Tod in Habana*: »Im durch die Klimaanlage unterkühlten Restaurant La Floridita verrichtet eine Überzahl befrackter Ober mit distanzierter Förmlichkeit ihren Dienst am einsamen Gast. Der weltberühmte Mojito wird lauwarm serviert, mit wenig Limonensaft und noch weniger Rum, und es bleibt ein Rätsel, was Ernest Hemingway hierher getrieben haben mag.«

Den – gezuckerten – Mojito hätte Hemingway allenfalls in der *Bodeguita del Medio* ein paar Straßen weiter getrunken – sollte er je dort gewesen sein (siehe Zweiter Spaziergang). Im *Floridita* aber konnte er schon vormittags bei einem oder zwei »seiner« Daiquirís in die Zeitungen versinken. Über sein Alter ego Thomas Hudson schreibt er: »Die *Floridita* war jetzt geöffnet. Er kaufte sich die zwei Zeitungen, die schon heraus waren, *Crisol* und *Alerta*, nahm sie mit an die Bar und setzte sich auf einen Barhocker am linken, äußersten Ende der Theke.« Hemingway selbst wollte bei seiner Lektüre ungestört sein, gab sich wortkarg und saß an der Theke in legeren Shorts, luftigem Baumwollhemd und Tennisschuhen ohne Socken – auch dann, wenn er seine Bekannten abends zum Trinken einlud, darunter Spencer Tracy, Errol Flynn, Marlene Dietrich, Ava Gardner oder Barbara Stanwick. Im Anzug erschien er nur selten, etwa wenn er das Restaurant des *Floridita* aufsuchte.

Mit Walker Evans dürfte er noch weitergezogen sein: die Calle Obispo hinunter, vorbei am *Hotel Ambos Mundos*, und entweder begaben sich die beiden in die *Bar El Templete* am Hafen, oder sie suchten Hemingways zweite Lieblingsbar an der Plaza de San Francisco auf, die heute verschwundene *La Perla de San Francisco* (siehe Zweiter Spaziergang).

Gegenüber dem *Floridita* liegt die **Plazuela de Francisco de Albear:** Ein kleiner, begrünter Platz mit einem Denkmal für den kubanischen Militäringenieur, der bereits 1874 einen Bauplan für die Uferstraße *Malecón* vorlegte und die erste – bis heute funktionstüchtige – Wasserleitung Havannas konstruierte, die auf der Pariser Weltausstellung von 1878 mit einer Goldmedaille ausgezeichnet wurde. Zwischen Schildblumen und unter dem Schatten von Fächerpalmen legen Passanten eine Pause ein, trinken einen Schluck Rum, rauchen, reden, warten, während der Verkehr an der Avenida de Monserrate vorbeizieht und ein Heer von Fußgängern in die Calle Obispo strömt.

Über das Umfeld schreibt Hemingway in *Inseln im Strom*: »Thomas Hudson roch die Mehlsäcke, die hier lagerten, den Mehlstaub und den Geruch frisch geöffneter Kisten, den Duft von den Kaffeeröstereien, der eine stärkere Sensation war als ein Drink frühmorgens, und er roch den schönen Tabaksduft, der kurz vor der Rechtskurve auf die *Floridita* zu am stärksten war.«

Zwar haben sich diese Düfte längst verflüchtigt, die dichterische Phantasie aber könnten zwei guterhaltene Art-déco-Gebäude noch heute beflügeln. Das eine ist das von Esteban Rodríguez Castells entworfene Hochhaus **Edificio Bacardí** (1930) an der Straßenkreuzung Monserrate und San Juan de Dios. Mit seinen zwölf Geschossen diente es dem mächtigen – nach der Revolution ins Exil geflüchteten – Rumhersteller Emilio Bacardí als Firmensitz. Während der Turmaufbau den Stufentempeln Mesopotamiens nachempfunden ist, ähnelt die mit farbig glasiertem Terrakotta versehene Fassade dem babylonischen Ischtar-Tor. Das andere Bauwerk, das einem abgerundeten, massiven Hochbunker gleicht, steht schräg gegenüber dem Platz an der Straßenecke Obispo und Bernaza. Es wurde 1941 von Ricardo Mira und Miguel Rosich errichtet und sollte die Macht der damals größten Buchhändlerfamilie der Stadt unterstreichen. Unter dem Namen **La Moderna Poesía** hatte der Spanier José López Rodríguez schon 1890 eine Buchhandlung und Druckerei gegründet. Er war vom Analphabeten und Tellerwäscher zum Buchmagnaten aufgestiegen, druckte auch die staatlichen Lotterielose und verkörperte den Traum Hunderttausender spanischer Einwanderer, die in Kuba ihr Glück versuchten.

Heute scheint *La Moderna Poesía* wie eine Festung die rechte Eingangsflanke der Calle Obispo zu bewachen, und wie ein Denkmal verweist sie auf die Bedeutung der »Bücherstraße« von einst. Seit den zwanziger Jahren befanden sich hier die namhaften Buchläden der Stadt, von denen einige auch literarische Zirkel beherbergten. In den Hinterzimmern der *Librería Rambla y Bouza* debattierten Schriftsteller, Rechtsgelehrte und Intellektuelle, in der *Librería Montero* Universitätsprofessoren, die *Casa Editorial Lex* präsentierte 1956 Ausstellungen der Maler René Portocarrero, Domènech und Víctor Manuel. »Ich versuchte, einen Bogen um die Calle Obispo zu machen, wo um diese Zeit für gewöhnlich die Intellektuellen hocken«, spottete Alejo Carpentier schon 1925 über die meist nachmittäglichen Veranstaltungen.

Der bedeutendste literarische Stammtisch tagte zwischen 1938 und 1949 in der *Librería Victoria,* die zwischen den Straßen Habana und Compostela lag. Dort trafen sich die Herausgeber der 1944 gegründeten Zeitschrift *Orígenes,* Avantgardisten, die sich um den gewichtigen, sprachgewaltigen, stets Zigarre rauchenden Dichter, Essayisten und Romancier José Lezama Lima scharten (siehe Sechster Spaziergang). Der huldigt in seinem Roman *Paradiso* (1966) nicht nur der Calle Obispo, sondern auch der Parallelstraße O'Reilly – beide gleichermaßen Geschäftsstraße und Boulevard: »Cemí erhob sich von seiner Siesta mit dem Wunsch, auszugehen und die Buchläden in den Straßen Obispo und O'Reilly aufzusuchen. Die beiden waren immer seine Lieblingsstraßen gewesen, in Wirklichkeit sind sie ein und dieselbe in zwei Teilen: die eine, um zur Bucht zu gehen, die andere, um ins Stadtinnere zurückzukehren. Durch die eine dieser Straßen scheint man dem Licht bis zum Meer zu folgen, auf dem Rückweg schreitet man durch eine Art Verlängerung des Lichts aus der Helligkeit der Bucht bis ins Geheimnis des Holunderkerns … Die beiden Straßen haben etwas von einem Kartenspiel. Sie gehören zu den Wundern der Welt.«

Auch Hemingway konnte man die belebte Calle Obispo entlangspazieren sehen. In den dreißiger Jahren legte er hier den Weg zwischen dem *Floridita* und seinem *Hotel Ambos Mundos* zurück, ab 1940, als er die *Finca Vigía* außerhalb der Stadt erwarb, kam er etwas seltener. »Er war die Straße Tausende von Malen hinuntergegangen, bei Tag und bei Nacht«, schreibt er über sein Alter ego Thomas Hudson. Für die Kubaner mußte der stattliche Ameri-

»Durch diese Straße scheint man dem Licht bis zum Meer zu folgen«:
die geschäftige Calle Obispo.

kaner mit seinen verwaschenen Bermudas, zerknitterten Baumwollhemden und Mokassins eine auffällige Erscheinung gewesen sein.

Seit den achtziger Jahren ist die Calle Obispo verkehrsberuhigt, von den ehemals acht Buchhandlungen sind nur zwei übriggeblieben. In *La Moderna Poesía* stehen zwar nach wie vor Bücherregale, doch die meisten großen Autoren fehlen im Angebot, dem die Kulturpolitik der Revolution ihren Stempel aufgedrückt hat: Themen wie Astrologie, Kochkunst oder Meditation beherrschen die Auslage; unter den kubanischen Autoren dominieren Nicolás Guillén, Fernando Ortiz, Miguel Barnet – und Che Guevara, dessen Schriften in etlichen Ausgaben auf spanisch, englisch und französisch erhältlich sind. So wartet eine Schar staatlicher Verkäuferinnen gelangweilt auf unwahrscheinliche Käufer. In *La Internacional* schräg gegenüber sieht es nicht anders aus. Hier wie dort sind Bücher ohnehin nur gegen Devisen zu haben, die für die meisten Kubaner unerschwinglich sind.

Die Galerien für moderne Kunst, die während der fünfziger Jahre die Calle Obispo säumten, sind Läden gewichen, die heute mit plakativen Ölbildern zwischen Afro-Kitsch und lokaler Folklore aufwarten, um den Geschmack vorbeiziehender Touristen zu bedienen. Ansonsten ist die einstige Geschäftsstraße zu einer Ansammlung von Imbißstuben und kleinen Werkstätten verkümmert, in denen flinke Ingenieure Brillengestelle, Uhren und Einwegfeuerzeuge reparieren. Von der vergangenen Warengesellschaft künden lediglich einzelne Schaufenster mit knapper Auslage – sowie manche vor ehemaligen Geschäftsportalen in den Boden gravierte Schriftzüge, die mit Slogans wie *The quality shop* noch an die amerikanischen Vorbilder erinnern.

Erst am östlichen Ende der zwölf Häuserblocks langen

Straße sind teure Boutiquen und Restaurants für Touristen eröffnet worden. Dort, wo die Calle Obispo an der Plaza de Armas entlangführt, finden wir mit den Ständen der Buchtrödler immerhin einen Fortsatz der ehemaligen »Bücherstraße« (siehe Zweiter Spaziergang). Auch einige der historischen Cafés sind wiederauferstanden, so die **Bar La Lluvia de Oro** an der Ecke zur Calle Habana. Ob Hemingway hier einkehrte, ist nicht überliefert, doch zu den illustren Gästen zählte Lezama Lima, der vor der langen Theke aus Mahagoni und dem Spiegelaufbau im Jugendstil seinen literarischen Stammtisch abhielt, wenn er nicht im Hinterzimmer der *Librería Victoria* saß.

Einen Häuserblock weiter, zwischen den Straßen Aguiar und Cuba, betreten wir das Bankenviertel. Hier – wie in den Parallelstraßen Obrapía und O'Reilly – etablierte sich in den ersten beiden Jahrzehnten des 20. Jahrhunderts eine Art kubanische Wall Street. Monumentale Gebäude mit steilen neoklassischen Säulenfassaden wie der 1915 errichtete **Banco Mendoza** (heute das Münzmuseum) oder der **Banco Gómez Mena** (1921) sind typisch für jene neue Architektur von Handels-, Kredit- und Versicherungsgesellschaften, mit der das enge Straßenbild der Altstadt kompromißlos durchbrochen wurde.

Wormold, Graham Greenes Held in *Unser Mann in Havanna*, besucht »die große amerikanische Bank in Obispo«, geht »unter dem prächtigen Steinportal, das vierblättrige Kleeblätter schmückten«, hindurch, um sein leergefegtes Konto zu begutachten – was ihn folglich in die gutbezahlten Dienste des britischen Geheimdienstes treibt. Möglicherweise hat er die Zentrale des **Banco Nacional de Cuba** an der Straßenkreuzung Obispo und Cuba betreten. Das wuchtige tempelartige Gebäude (heute Sitz des Finanzministeriums) war die erste Stahlkonstruktion Havannas und wurde 1907 von *Purdy & Henderson* fertiggestellt – einer

Firma, die auch das Flatiron Building und die Pennsylvania Station in New York errichtete.

Zwei Häuserblocks weiter, an der Straßenecke Obispo und Mercaderes, stieg Ernest Hemingway im **Hotel Ambos Mundos** ab. Wann immer er sich zwischen 1932 und 1939 in Havanna aufhielt, beanspruchte er in der obersten Etage das Zimmer mit der besten Aussicht. »Die Zimmerfenster im Nordostflügel ... gehen nach Norden hinaus, über die alte Kathedrale, die Hafeneinfahrt und das Meer hin, und nach Osten bis zur Halbinsel Casablanca, über die Dächer all der Häuser, die dazwischen liegen, und das ganze Hafenbecken. Wenn Sie, die Füße nach Osten ausgestreckt, schlafen, was sicherlich gegen die Vorschriften bestimmter Religionen ist, scheint Ihnen die Sonne beim Aufgang über der Casablanca-Seite ins offene Fenster, will ihr Gesicht erreichen und weckt Sie, einerlei, wo Sie am Abend waren.«

Mit diesen Zeilen beginnt Hemingway seinen im Herbst 1933 verfaßten Artikel *Der Marlin. Ein Brief aus Kuba.* Der Schriftsteller war bester Stimmung: Das Hotel diente ihm als Stützpunkt zu Land, von hier aus fuhr er zum Fischen im Golfstrom, auf der Dachterrasse pflegte er gegen Abend mindestens ein Glas Whisky zu trinken, danach spazierte er zum *Floridita*. Aber auch das Schreiben ging ihm leicht von der Hand. In seinem Zimmer entstanden manche Erzählungen und Zeitberichte, die Artikel über den Fischfang für die Zeitschrift *Esquire*, und hier nahm auch der Roman über den Spanischen Bürgerkrieg *Wem die Stunde schlägt* Gestalt an.

Das sechzehn Quadratmeter große Zimmer 511 dient heute als Museum. Neben einzelnen persönlichen Dingen aus dem Nachlaß Hemingways zeigt es das einfache Mobiliar der dreißiger Jahre, das dem Schriftsteller vollauf genügte: Kommode, Einzelbett, zwei Nachtschränkchen, ein winziger Schreibtisch mit Stuhl. Er genoß den Blick aufs Meer, ließ den Passatwind durch die offenen Fenster herein und lebte seine Freiheit aus. Im *Ambos Mundos* hatte Hemingway, oft über Wochen von seiner Frau Pauline getrennt, das Basislager für ein unbekümmertes Junggesellenleben aufgeschlagen.

Erst im Frühjar 1939 gab der Schriftsteller sein Refugium auf – er war berühmt geworden, für ihn hatte das Hotel an Intimität eingebüßt. Im Jahr darauf ließ er sich von Pauline scheiden, heiratete die Journalistin und Autorin Martha Gellhorn und bezog mit ihr die *Finca Vigía* vor den Toren Havannas. Zwar war seiner dritten Ehe nur eine kurze Dauer beschieden, in seinem neuen – und ständigen – Wohnsitz sollte Hemingway jedoch den idealen Ort zum Schreiben finden (siehe Neunter Spaziergang).

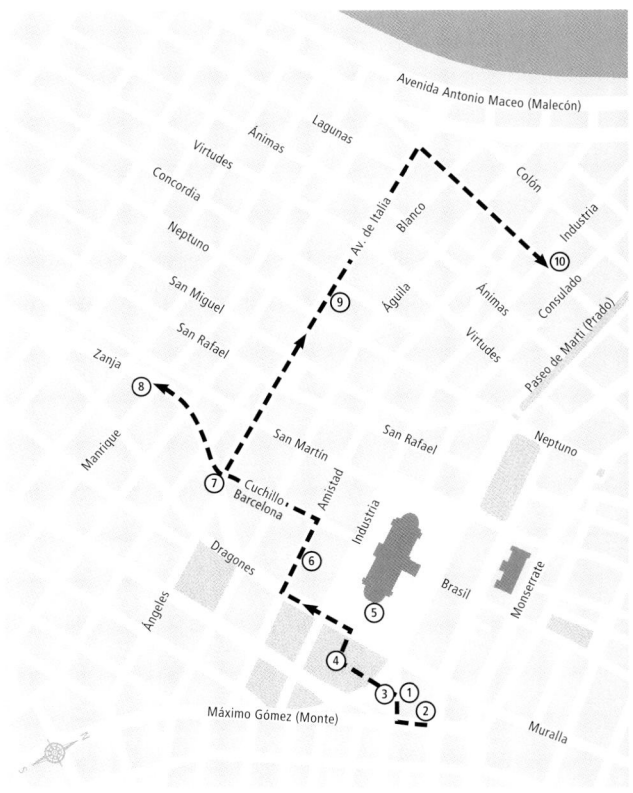

① Asociación Cultural Yoruba ② Markt ③ Fuente de la India ④ Parque de la Fraternidad ⑤ Capitolio ⑥ Casino Chung Wah ⑦ Calle Cuchillo ⑧ ehemals Teatro Shanghai ⑨ Teatro América ⑩ Casa Museo José Lezama Lima

Sechster Spaziergang

Mystik in Centro Habana:
Santería, chinesisches Viertel und *Paradiso*

»Da waren hundert oder zweihundert Schwarze, die von Kopf bis Fuß weiß gekleidet waren: weiße Hemden und weiße Hosen und weiße Socken und auf dem Kopf weiße Mützen, so daß sie wie die Teilnehmer eines Kongresses farbiger Köche aussahen, und die Frauen ebenfalls weiß gekleidet, und unter ihnen waren mehrere Weiße mit weißer Haut, und sie tanzten im Takt der Trommeln im Kreis und in der Mitte ein großer Schwarzer, schon alt, aber noch rüstig und mit dunkler Brille, so daß nur seine weißen Zähne zu sehen waren, auch sie Teil der rituellen Aufmachung, und er schlug mit einem langen Holzstock auf den Boden, der als Knauf einen geschnitzten Menschenkopf mit echtem Haar hatte, und es war das Wechselspiel von Gesang und Gegengesang, und der Schwarze mit der schwarzen Brille brüllte *olofi* und hielt inne, während das geheiligte Wort gegen die Wände und den Regen prallte, und wiederholte *olofi* und sang dann *tendunu kipungulé* und wartete, und der Chor wiederholte *olofi olofi* ...«
Was Guillermo Cabrera Infante in seiner Erzählung *Beim großen Ecbó* (1960) beschreibt, ist ein Initiationsritus der *Santería* – jener Mischreligion, in der sich der Ahnenkult westafrikanischer Sklaven mit der katholischen Heiligenwelt arrangiert hat. Heute ist sie populärer denn je, weil sich viele Jünger in der Beratung durch *Santeros* die Lösung persönlicher und alltäglicher Probleme versprechen. So könnte eine Frau, die an Liebeskummer leidet, ein mit Honig ge-

tränktes Bad nehmen und einige aphrodisische Tropfen davon in den Kaffee des Geliebten träufeln, um diesen endgültig an sich zu binden – die Hilfe *Oshúns*, der Göttin der Liebe und Erotik, vorausgesetzt. Auf derlei Rezepte stößt auch, wer die verschiedenen Handbücher zur Materie konsultiert. Seit einigen Jahren kursieren sie, teils von renommierten Anthropologen, teils von prominenten *Santeros* verfaßt, auf dem kubanischen Buchmarkt.

Wie der Schriftsteller Miguel Barnet in seiner Abhandlung *Afrokubanische Kulte* (1995) betont, liegt die Bedeutung der *Santería* in der »Transkulturation von Elementen, die ihre Pflanzstätte in Kuba fanden und die uns mit einem kraftvollen Lebenssaft genährt haben, welcher der kubanischen Kultur eine ganz besondere Würze verleiht.« Die westafrikanische Yoruba-Mythologie, deren vergöttlichte Ahnen so vielschichtig sind wie die Bewohner des griechischen Pantheons, bietet eine Menge an philosophischen Weisheiten mit geradezu poetischem Gehalt.

Autoren wie Barnet, Alejo Carpentier oder Cabrera Infante entdecken die Magie des Exotischen in der eigenen Heimat. Auch der Amerikaner Martin Cruz Smith inszeniert seinen Roman *Nacht in Havanna* (1999) vor der magischen Kulisse der *Santería*. Der russische Ermittler Arkadi Renko – jener melancholische Held aus *Gorki Park* – soll in Havanna den mysteriösen Tod eines Freundes aufklären, der an der russischen Botschaft Zuckerattaché gewesen ist. Nebenbei deckt Renko noch eine Verschwörung gegen Fidel Castro auf. Seine Figuren läßt Cruz Smith wie Helden der überlieferten Dramen aus dem Yoruba-Pantheon agieren: Der Krieger *Oggún* (Renko) kämpft gegen seinen Rivalen *Changó* (Sargento Luna) und erfährt dabei die liebevolle Unterstützung einer koketten *Oshún* (Ofelia). »Die ganze Insel ist besessen«, heißt es einmal im Roman, und Arkadi Renko findet »das Getrommel, die Dunkelheit und

»Die ganze Insel ist besessen«: *Santería*-Markt in der Calzada del Monte.

den Geruch aus Rauch, Rum und Schweiß so überwältigend wie ein zu kräftig geschürtes Feuer«. Doch der verfrorene Mann aus Moskau legt seinen Kaschmirmantel auch dann nicht ab, wenn er in brütender Mittagshitze durch Havanna streift.

Touristen werden die rituellen Tänze der *Santería* meist als Folkloreballett dargeboten, im *Tropicana* oder in Hotelcabarets. Wer jedoch eine wirkliche Zeremonie sucht, wird in der **Asociación Cultural Yoruba de Cuba** fündig. Das Lokal liegt unter einem Säulengang am Anfang des Paseo del Prado, zwischen den Straßen Monte und Dragones; es enthält ein kleines Museum, ein Restaurant mit »afrikanischer und kubanischer Küche« und veranstaltet regelmäßig *Tambores*: Perkussion, Gesang und Tanz zu Ehren der *Orishas*, der afrokubanischen Gottheiten, die sich, angelockt durch die betörenden Rhythmen, auf die Erde begeben sollen – und manchmal in den Körper eines Teilnehmers fahren.

Zum Jahresende versammeln sich in der *Asociación Yoruba* über vierhundert *Babalawos*, die Hohepriester der *Santería*, um das *Ifá*-Orakel zu befragen. Dazu werfen sie eine Kette aus sechzehn Palmkernen wiederholt auf ein rundes Divinationsbrett, lesen aus insgesamt 4096 möglichen Antworten heraus, welche Götter künftig regieren werden, und geben schließlich das »Zeichen des Jahres« bekannt: allgemeine Weisungen, Ratschläge und Verbote für die anstehenden zwölf Monate.

Für die Regierung stellt die *Santería* keine Bedrohung dar. Eher hat sie sich als ein willkommenes Ventil erwiesen, durch das der soziale Unmut, den die Mangelwirtschaft hervorbringt, entweichen kann. Außerdem garantiert die überarbeitete Verfassung von 1992 Religionsfreiheit – auch für Parteimitglieder. Fidel Castro selbst wird von der Mehrheit der *Santeros* aufgrund einer mystischen Begebenheit respektiert. Als der *Máximo Líder* kurz nach dem Sieg der Revolution, am 8. Januar 1959, in der *Columbia*-Kaserne vor großem Publikum eine Rede hielt, flatterte eine weiße Taube auf seine Schulter. Genau dreißig Jahre später, während des Jubiläums, wiederholte sich das Ereignis am selben Ort. Und weil die weiße Taube in der *Santería* den Weltschöpfer *Obatalá* symbolisiert, gilt Castro den *Santeros* als Auserwählter.

Als Zeichen der Reinheit wird die weiße Farbe auch in den Initiationsriten verwendet, wie eingangs von Cabrera Infante beschrieben. Neugeweihte bleiben ein Jahr lang von Kopf bis Fuß in Weiß gekleidet, was ihre rituelle Geburt in der Welt der *Santería* symbolisiert. So scheint uns *Obatalá* in der »Stadt der Säulen« immer wieder zuzuzwinkern: Seine weißgekleideten Novizen spazieren unter den schattig-dunklen Kolonnaden so entspannt und würdevoll dahin, als beschritten sie den Weg zu den griechischen Mysterienfeiern nach Eleusis. Gerade in den europäischen Säulen und den *orishas* offenbart sich das Verschmelzen zweier Welten und Kulturen, wie es in Havanna bis heute sichtbar ist.

Im selben Häuserblock der *Asociación Yoruba*, gleich um die Ecke in der Calzada del Monte 60, befindet sich ein kleiner Markt hinter einer Arkadenruine. Hier werden *Santería*-Artikel für den Hausgebrauch verkauft: weiße Mützen und Schuhe, regenbogenfarbene Röcke für die Friedhofsgöttin *Oyá*, Halsketten, Votivbilder, vor allem aber Steine und Schüsseln. *Orishas* hausen nämlich in geweihten Suppenschüsseln auf dem Hausaltar, sie verlangen nach Nahrung, trinken Rum, manche rauchen Zigarre, und die Steine in den Schüsseln bergen die energetische Macht der Gottheiten. In Havanna findet man kaum eine Wohnung, in der nicht die Figur *Elegguás* hinter der Tür stünde, um die Bewohner vor unheilvollen Einflüssen zu schützen. Die Wohnungseinrichtung eines *Santero* beschreibt

Cruz Smith sogar als ein »Atomraketensilo voll afrikanischer Geister«.

Gehen wir nun die Calzada del Monte ein paar Schritte zurück, bis wir wieder auf den Paseo del Prado treffen. Folgten wir statt dessen der Calzada de Monte auf der gegenüberliegenden Straßenseite weiter nach Südwesten, so befänden wir uns in einem dieser schier endlosen Säulengänge, von denen Alejo Carpentier in *Die Stadt der Säulen* (1964) schreibt, »daß ein Fußgänger in Havanna von der Hafenfestung bis in die Außenbezirke der Stadt wandern, daß er das ganze Zentrum, die alten Pflasterstraßen Monte oder Reina durchwandern ... könnte und sich dabei immer in ein und derselben, sich stets erneuernden Kolonnade befände, in der alle Säulenstile vertreten und unabsehbar vermischt oder mestiziert sind.«

Wir aber überqueren den Prado und die Verkehrsinsel mit der **Fuente de la India**: einem Brunnen, auf dem ein Wahrzeichen der Stadt thront, die 1837 errichtete Marmorskulptur einer Indianerin, welche ein Füllhorn und das Wappen Havannas in Händen hält. Gegenüber liegt der **Parque de la Fraternidad** (siehe Vierter Spaziergang), heute ein heimlicher Umschlagplatz für Hehlerware aus der benachbarten Zigarrenfabrik *Partagás* und nächtlicher Treffpunkt von Transvestiten. In der Mitte des Parks steht ein mächtiger Kapokbaum, der in Afrika und Kuba als Sitz verschiedener Gottheiten verehrt wird. Wer durch das Bronzegitter schaut, das den Baumstamm umgibt, kann manchmal bunte Schleifen, präparierte Kokosnüsse oder gar geköpfte weiße Tauben an den Wurzeln entdecken – Spuren schwarzer Magie, eines Schadenzaubers, in dem sich angeblich die Energie der toten Ahnen bündelt.

Wir befinden uns im Stadtteil Centro Habana. Gegenüber der Nordseite des Parks erhebt sich der *Capitolio* (siehe Vierter Spaziergang), heute Sitz des Ministeriums für Wissenschaft, Technologie und Umwelt, davor liegt die Calle Dragones, die Straße der »Drachen«. Sie führt uns in eine weitere rätselhafte Welt Havannas: den **Barrio Chino**. Unter dem – 1999 von der Volksrepublik China gestifteten – Eingangstor im Ming-Stil rumpeln betagte Buicks und Cadillacs hindurch, und die in der Stadt allgegenwärtigen Fahrradtaxis wirken hier wie Rikschas. Hinter dem Tor künden ehemals prächtige Hochhäuser aus den vierziger und fünfziger Jahren, wie etwa das heruntergekommene *Hotel New York*, von der Glanzzeit des chinesischen Viertels, des seinerzeit größten in Lateinamerika.

Chinesen sieht man allerdings kaum. Zählte der *Barrio Chino* Mitte des 20. Jahrhunderts noch fünfzigtausend gebürtige Chinesen, so ist diese Zahl inzwischen auf unter hundert gesunken. Dagegen trifft man auf zahlreiche Mischlinge mit asiatischen Gesichtszügen. In ihrem Roman *Wo Aida Caruso fand* (1998) erzählt Mayra Montero die Geschichte der chinesischen Mulattin Aida Petrirena Cheng, der Enrico Caruso im Juni 1920 nach dem Bombenanschlag im *Gran Teatro Nacional* in die Arme läuft (siehe Vierter Spaziergang). Aida ist die Tochter einer kubanischen Mulattin und Yuan Pei Fus, eines der ersten Chinesen, die 1847 aus der Provinz Kanton als Zwangsarbeiter nach Havanna kamen und auf die Zuckerrohrplantagen geschickt wurden: »Anfangs lachten die Leute, es war das erste Mal, dass sie chinesische Sklaven sahen, aneinandergekettet wie die schwarzen, aber zerlumpter und verzweifelter, mit hohlen Augen und vom Salzwasser aufgeschwemmten Füßen.« Frauen waren zunächst nicht darunter; die spanischen Behörden wollten die chinesische Bevölkerung auf der Insel so klein wie möglich halten.

Das änderte sich mit der Unabhängigkeit Kubas. Und als in den vierziger Jahren eine große Einwanderungswelle einsetzte, kamen kapitalkräftige, aus Kalifornien vertriebene

Familien. Doch die Chinesen blieben unter sich, sprachen, lebten und starben nach eigenen Regeln und schufen sich in Havanna ein tropisches Abbild Shanghais. Sie betrieben drei Kinos, ein großes Theater, in dem chinesische Opern aufgeführt wurden, mehrere Apotheken und eine gemeinnützige Klinik, sie besaßen die *Bank of China*, gaben drei Zeitungen heraus und hatten – im Stadtteil Vedado – ihren eigenen Friedhof. Weil ihre Geschäfte nach der Revolution verstaatlicht wurden, verließen die meisten Chinesen Kuba, nur die Mittellosen blieben und fügten sich den neuen Bedingungen. Von den über hundert chinesischen Gesellschaften, die sich nach Herkunft, Beruf und Namen organisierten, haben bis heute dreizehn überlebt; die wichtigste und allen anderen übergeordnete sitzt im 1893 gegründeten **Casino Chung Wah.**

Ein Abstecher in die Calle Amistad 420 (zwischen Dragones und Barcelona) lohnt, denn der *Casino* ist weder Spielhölle noch touristische Sehenswürdigkeit, sondern einer der geheimnisvollsten Orte im Viertel. Im obersten Stockwerk – Eintritt wird freundlich gewährt – ist ein kleiner Tempel aufgestellt, wo eine Figur mit rotem Gesicht und einem langen dünnen Bart verehrt wird: der vergöttlichte *Kwan Kong*. Der historische General aus der Zeit der Drei Reiche hatte im dritten Jahrhundert seinen Kopf bei einer Schlacht verloren und gilt den Chinesen seither als Herr des Schwertes und des Donners. In Mayra Monteros Roman spielt diese Figur für den chinesischen Vater von Aida eine wichtige Rolle, den Kult um *Kwan Kong* reichert dieser mit der afrokubanischen *Santería* an: »Yuan Pei Fu, ein alter Obsthändler, [hatte] sich im Alter der ›Kraft‹ gewidmet: der Kraft der Schwarzen, vermischt mit den Kräften der Drachen. Das Ergebnis dieser beiden Kräfte war ein in Rauch gehüllter Krieger: Sanfancón.«

So besaßen auch die Chinesen ihren Ahnenkult, und ihre

Zauberer, denen man nachsagte, mit Papier töten zu können und mit »Teufelspferdchen« zu arbeiten, wetteiferten mit den kubanischen *Babalawos*. Die wiederum erkannten in *Sanfancón* den in der *Santería* vergötterten Kriegsherrn *Changó* wieder, welcher in der synkretistischen Religion mit der heiligen Barbara gleichgesetzt wird. »Die Heiligen«, läßt Montero ihre Heldin Aida folgern, »sind alle gleich, in China sind es dieselben wie in Guinea.« Und im Schmelztiegel Havanna haben sie alle zueinander gefunden.

Wenn wir nun links in die Calle Barcelona einbiegen, treffen wir auf die Calle Zanja und sehen ein kleines chinesisches Eingangstor. Dahinter, in der Calle Cuchillo, liegt das heutige Herz des chinesischen Viertels: In der engen, verwinkelten Fußgängerzone zwischen den Straßen Zanja und Rayo reihen sich bescheidene chinesische Restaurants, rote Lampions und kleine Vogelverkaufsstände aneinander, in der dahinterliegenden gepflasterten Calle San Nicolás befindet sich das chinesische Gesellschaftshaus *Chang*, in der Calle Manrique eine Wu-Shu-Kampfkunstschule. Aidas Vater im Roman, Yuan Pei Fu, lebt zu Beginn des 20. Jahrhunderts an der Straßenkreuzung Manrique und Zanja.

An dieser berüchtigten Ecke des chinesischen Viertels stand auch der in den fünfziger Jahren international gefeierte **Teatro Shanghai**, »wo allnächtlich zwischen Nackttänzen pornographische Filme gezeigt wurden«, wie Graham Greene in *Unser Mann in Havanna* schreibt.

Obwohl nicht wenige der chinesischen Geschäftsleute in Havanna Opiumhöhlen betrieben, Bordelle unterhielten und pornographische Shows organisierten, befand sich der *Teatro Shanghai* jedoch in den Händen eines kubanischen Impresarios. Das amerikanische Rotlichtmagazin *Cabaret* bezeichnete jenes Etablissement 1956 als »das unanständigste Theater der Welt«, Guillermo Cabrera Infante sieht es in seinem autobiographischen Roman *La Habana para un infante difunto* rückblickend als einen Weihetempel fürs Erwachsenwerden. Zu den Hauptattraktionen gehörte ein Mulatte mit dem Künstlernamen *Superman*, dessen erigiertes Gemächt angeblich die Länge von zwölf aneinandergereihten Silberdollars erreichte.

»Havanna ist eine faszinierende Stadt, sicher die verdorbenste, in der ich je gewesen bin«, schwärmt Graham Greene in einem Brief vom 6. September 1954, nachdem der Schriftsteller – bei einem Zwischenstopp auf einer Reise nach Haiti – zum erstenmal kubanischen Boden betreten hat. »Kaum war ich aus meinem Hotel heraus, wurden mir schon Kokain, Marihuana und verschiedene Kombinationen von zwei Mädchen mit einem Jungen, zwei Jungen mit einem Mädchen etc. angeboten. Ich rauchte meine erste Marihuanazigarette und ging zu einem Ort, von dem ich sicher bin, daß es ihn nirgendwo sonst auf der Welt gibt: eine öffentliche Pornofilmvorführung mit Reklametafeln am Eingang, Sperrsitzen für 1,20 $ und einer pornographischen Buchhandlung im Foyer. Ich steckte in der Stadt zwei Tage lang fest, bevor ich einen Weiterflug bekam, also habe ich die meisten Freuden ausprobiert.«

In der gleichnamigen Verfilmung von *Unser Mann in Havanna* – das Drehbuch schrieb Greene, Regie führte Carol Reed – ist der *Teatro Shanghai* zum letztenmal von innen zu sehen. Allerdings mit einer wesentlichen Einschränkung. Da die Dreharbeiten im Frühjahr 1959 stattfanden, kurz nach der Revolution, pochte der kubanische Zensor darauf, daß die Tänzerinnen bekleidet seien. Und im Vorspann taucht der unmißverständliche Hinweis auf: »Dieser Film spielt in Kuba vor der Revolution.« Das lasterhafte Havanna sollte sehr bald Geschichte sein. »Havanna ist wie eine rehabilitierte Prostituierte«, stellte der nikaraguanische Dichter und Geistliche Ernesto Cardenal fest, als er

Die »Straße der Drachen« führt durch das Tor im Ming-Stil geradewegs
ins chinesische Viertel, seinerzeit das größte Lateinamerikas.

1970 die Stadt besuchte. »Sie ist nicht mehr so lustig wie früher. Ihre Freude ist jetzt anders.«

Längst ist der *Teatro Shanghai* abgerissen, an besagter Straßenecke liegt eine umzäunte Brache. Zwar wird auch der *Barrio Chino* mittlerweile saniert, doch die Arbeiten beschränken sich seit Jahren auf die von Touristen besuchten Straßen um die Calle Cuchillo. In *Der Nebel von gestern* (2005) bezeichnet Leonardo Padura das alte chinesische Viertel als »eine düstere, beklemmende Gegend« – die für seinen Kriminalroman freilich wie geschaffen ist: »Die hochherrschaftlichen Gebäude aus den Anfängen des 20. Jahrhunderts, in denen sich jetzt mehrere Familien drängten, hatten schon vor vielen Jahren den Charme verloren, den sie vielleicht einmal besessen hatten, und boten in ihrem Verfall nur noch ein Bild bitterster Armut. Schwarze, Weiße, Chinesen und Mestizen verschiedensten Blutes und Glaubens lebten hier in einem Elend, das keinen Unterschied zwischen Hautfarbe und Herkunft kannte und alle gleich behandelte in einem Überlebenskampf, der die Menschen aggressiv und zynisch machte und ihnen jede Hoffnung raubte.«

Hier lebt auch der Schriftsteller Pedro Juan Gutiérrez, der sein Viertel – und Centro Habana insgesamt – mit ähnlichen Worten beschreibt. Seine *Schmutzige Havanna Trilogie* (1998) liest sich wie eine Mischung aus einem Schelmenroman und den Ergüssen eines Charles Bukowski, Gutiérrez selbst ist darin sein eigener pikaresker Held. »Ich pfiff auf alles und schrieb ein paar nackte Berichte. Meine Geschichten sollen mit nacktem Arsch mitten auf der Straße spazieren und dabei rufen: ›Freiheit, Freiheit, Freiheit!‹« Ebenso wie Padura wird auch Gutiérrez von den Kulturbehörden geschmäht, seine Romane veröffentlicht er im Ausland. In ihnen beschreibt er die dunkle Seite der Revolution und zerstört das wohlfeile Bild einer Stadt, mit deren

»brüchigem Charme« die Regierung um Touristen wirbt. Den einst bejubelten *Superman* aus dem *Teatro Shanghai* findet Gutiérrez übrigens in einer Bruchbude wieder – wo er als invalider Greis mit amputiertem Glied ein kümmerliches Dasein fristet. Klingt abwegig? Ein Kernsatz aus dem oben genannten Roman von Martin Cruz Smith lautet: »In Kuba gibt es eine sehr schmale Grenze zwischen dem Realen und dem Absurden.«

Wir verlassen den *Barrio Chino*, gehen die Calle Zanja zwei Häuserblocks zurück, biegen links in die Avenida de Italia und folgen ihr nach Norden in Richtung Meer. Geläufiger ist diese Straße allerdings unter ihrem alten Namen: **Calle Galiano**.

Unter den Säulengängen konnte man hier die elegantesten Geschäfte Havannas finden, nachdem sich das kommerzielle Zentrum in den dreißiger Jahren allmählich aus der Calle Obispo nach Westen verlagert hatte. Noch kurz vor der Revolution lag zwischen den Straßen San Rafael und San Miguel das umsatzstärkste Gebiet der Stadt. An der Straßenkreuzung Galiano und San Rafael – ältere Kubaner erinnern sich wehmütig an die »Ecke der Sünde« – stand das legendäre Kaufhaus *El Encanto*, das als eines der besten der Welt galt. Hier lernte Meyer Lansky im Herbst 1957 seine Geliebte namens Carmen kennen, eine bildhübsche Angestellte, die Seidenkrawatten verkaufte und in deren Apartment der Mobster später untertauchte (siehe Vierter Spaziergang). Am 13. April 1961 brannte das Kaufhaus nach einem Bombenanschlag aus, welcher der CIA zugeschrieben wurde; die Invasion an der Schweinebucht stand unmittelbar bevor.

An der »Ecke der Sünde« sind jedoch noch zwei – sanierungsbedürftige – architektonische Schmuckstücke erhalten, die von der ehemaligen Konsummeile zeugen: das Kaufhaus *Almacenes Flogar* (1956) mit einem massiven

Durch die »Stadt der Säulen«: Kolonnade in der Calzada del Monte
(Máximo Gómez).

Fassadenkörper aus Backstein sowie das Kaufhaus *Casa Quintana* (1937) in schlichtem Art déco. Auch weiter oben, zwischen den Straßen Neptuno und Concordia, kommen Architekturliebhaber auf ihre Kosten: Die Fassade des modernen Parkhauses (1957) zeigt ein eigensinniges Rautenmuster aus perforierten Mörtelblöcken, gegenüber bietet der **Teatro América** im *Edificio Rodríguez Vázquez* (1941) eines der schönsten Beispiele des Art déco. Der glamouröse Stil setzt sich im Foyer fort, wo das Relief einer von Tierkreiszeichen umrundeten Weltkugel mit dem namengebenden Doppelkontinent prangt. Ursprünglich als Kino erbaut, wandelte sich das Theater bald zur Konzerthalle. Hier feierte die Tänzerin und Chansonnière Josephine Baker 1950 ihren ersten Auftritt in Havanna, hierher kam der quirlige Benny Moré mit seiner Big Band. Dem musikalischen Nationalhelden Kubas widmet Cabrera Infante in seinem Roman *Drei traurige Tiger* (1967) ein kurzes Ehrenkapitel. Moré beschreibt er als einen Künstler, »der bei seinen *Sones* mit der Stimme diesem rhythmischen Gefängnis ein Schnippchen schlug, die Melodie über den Rhythmus hinausschweben ließ und damit die Band zwang, seinem Flug zu folgen, und sie geschmeidig machte wie ein Saxophon, wie eine legato gespielte Trompete, als wenn der *Son* beliebig dehnbar wäre«. Morés hitzige, ultramoderne Nachfahren kann man heute im Konzertsaal der *Casa de la Música* im selben Gebäude erleben.

Vier Häuserblocks weiter nördlich biegen wir rechts in die Calle Trocadero ein. Die Straße gehörte zum schäbigen Rotlichtviertel Colón, das sich nach dem Zweiten Weltkrieg von der Calle Colón bis zur Calle Virtudes erstreckte und besonders von amerikanischen Marinesoldaten frequentiert wurde. Wie das New Yorker Männermagazin *Stag* 1950 zu berichten wußte, lehnten sich Hunderte von Prostituierten aus den Fenstern der Parterrewohnungen, griffen nach jedem Passanten und riefen in gebrochenem Englisch *One Dollar! One Dollar!* Zwar verschwanden die düsteren Bordelle nach der Revolution, doch bietet der ganze Stadtteil noch heute ein insgesamt trostloses Bild. »Centro Habana erscheint wie ein Schlachtfeld zwischen Barackisierung und wundersamer Statik«, schreibt Antonio José Ponte im *Ruinenwächter von Havanna*, »Eheschließungen, Geburten und Einwanderungen gehen dort so schnell vonstatten, dass man nicht im entferntesten mit dem Bau von neuem Wohnraum nachkommt ... Jede kleine Wohnung ist so dicht bevölkert, dass man sich in einem der Kapitel der Genesis wähnt, wo die Geschlechter aufgezählt werden.« Für den unbedarften Spaziergänger ist außerdem Vorsicht geboten: Scheinbar achtlos auf die Straße geworfene Blumensträuße, vor allem Asterngewächse, sind Machwerke der *Santería*. Sie warten nur darauf, daß jemand auf sie tritt – und dann den »bösen Zauber« auf sich zieht, den ein anderer sich gerade mit ihnen vom Körper abgerieben hat.

Von alldem hatte sich José Lezama Lima (1910-1976) offenbar nicht stören lassen. In der Calle Trocadero 162, zwischen den Straßen Industria und Consulado, lebte der Schriftsteller siebenundvierzig Jahre lang wie in einem Elfenbeinturm zu ebener Erde. Auch in seiner Dichtung und Prosa zieht sich Lezama Lima in eine imaginäre sprachliche Gegenwelt zurück, die vor barocker Syntax, rauschhaften Metaphern und maßloser schöpferischer Kraft nur so strotzt. Die Parterrewohnung hatte er 1929 zusammen mit seiner Mutter und seiner Schwester bezogen, seit 1994 ist hier das Museum **Casa Museo José Lezama Lima** eingerichtet. Das vergitterte Fenster des Schreibzimmers geht auf einen dunklen Innenhof hinaus, wichtiger als Tageslicht war dem Gourmet anscheinend die Nähe zu den Küchengerüchen. Davon zeugt nicht zuletzt sein Hauptwerk *Paradiso* (1966), in dem es zwar – in einer Art kubanischer Familiensaga – um das Streben nach dem Paradies der Poesie geht, nebenbei aber auch um allerlei Kulinarisches. Der Held des Romans trägt autobiographische Züge: Wie Lezama Lima ist José Cemí der Sohn eines Oberst, wächst in der *Columbia*-Kaserne auf, seine behütete Kindheit in Havanna bezeichnet er als »Langeweile in Reinkultur«, er studiert Jura, leidet an Asthma und ist »mürrisch, bleich oder linkisch, je nach seiner augenblicklichen Gemütsverfassung«. Und wie der empfindliche Cemí war auch Lezama Lima überaus stark an seine Mutter gebunden. Mit ihr lebte der Schriftsteller bis zu ihrem Tod 1964 zusammen, wenige Monate später erfüllte er ihren letzten Wunsch und heiratete María Luisa Bautista, seine Sekretärin. Sie »tippte stets Lezamas handgeschriebene Manuskripte ab, der es nicht über sich brachte, auf der Maschine zu schreiben«, erinnert sich der Schriftsteller Reinaldo Arenas. »Diese Frau liebte Lezama wirklich, auch wenn sie nie eine sexuelle Beziehung miteinander hatten.«

Von den rund zehntausend Büchern, die in der kleinen Wohnung gestanden hatten, gingen die meisten nach seinem Tod an die Nationalbibliothek. Lezamas Kunstsammlung ließ man jedoch am Ort: Bilder und Skulpturen der bedeutendsten Vertreter der kubanischen Moderne, mit denen der Schriftsteller in der literarischen Zeitschrift *Orígenes* (1944-1953) zusammenarbeitete. Mit Werken von Künstlern wie Jorge Arche, René Portocarrero, Mariano Rodríguez, Víctor Manuel oder Alfredo Lozano ergänzt diese Sammlung heute den Fonds des *Museo de Bellas Artes*, das sich nur drei Häuserblocks entfernt in derselben Straße befindet (siehe Vierter Spaziergang).

In seinem Wohnzimmer, dem »ersten Mysterium«, wie er es nannte, empfing Lezama Lima befreundete Dichter und Künstler aus der *Orígenes*-Gruppe, hielt literarische Zirkel ab und wurde ab 1950 zu einem Mentor zahlreicher junger kubanischer Intellektueller. Reinaldo Arenas, der 1969 erstmals zu den Treffen stieß, war fasziniert: »Lezama hatte seinen Lebensmittelpunkt im eigenen Haus, dort … versah er sein Amt wie ein Magier, wie ein seltsamer Priester. Er sprach, und wer ihm zuhörte, war danach vollständig verwandelt, ob er wollte oder nicht.«

Damals verließ Lezama Lima seine Wohnung nur noch, um vormittags seiner Tätigkeit als Berater am Institut für Literatur und Sprachwissenschaft nachzugehen; die Revolutionsregierung hatte den sperrigen Schriftsteller auf einen untergeordneten Posten in der Kulturverwaltung abgeschoben. Sein Roman *Paradiso*, an dem er zwanzig Jahre gearbeitet hatte und der international höchste Anerkennung fand, wurde von den kubanischen Kulturbehörden wegen »homosexueller« Passagen als »pornographisch« verschmäht, der Autor selbst »konterrevolutionärer Aktivitäten« bezichtigt. Für den chilenischen Schriftsteller Jorge Edwards, der Lezama Lima im Winter 1970 in dessen Wohnung besuchte, war das keine Überraschung: »Was brauchte Kuba diese unzeitgemäße Universalbildung und diese Wortlabyrinthe, wenn man mit der Aufgabe begonnen hatte, unter heroischen Bedingungen, aus dem Nichts, eine neue Gesellschaft zu schaffen? Fidels rigoroser Aktivismus … passte so gar nicht zu Lezamas verblüffender, kontemplativer Sinnlichkeit, die im gesamten spanischsprachigen Kulturraum einzigartig ist.« Lezama Lima hatte sich, umgeben von Büchern und Zigarrenrauch, in einer Welt eingeschlossen, in der Dichtung die einzige und absolute Wirklichkeit darstellte. »Die Silben, die er hörte, klangen jetzt langsamer, doch auch klarer und einleuchtender«, heißt es am Ende von *Paradiso*. »Es war dieselbe Stimme, aber sie modulierte in einem anderen Register. Von neuem hörte er: Hesychastischer Rhythmus, wir können beginnen.«

Die äußere Einsamkeit und Bewegungslosigkeit ließen den Dichter immer dicker werden, in seinen letzten Lebensjahren, da er kaum noch vor die Tür ging, wog er hundertfünfzig Kilo. »Lezamas intellektuelle Unersättlichkeit war nur mit seinem gefräßigen Appetit vergleichbar; sie hatte, wie sein Appetit, Anfang und Ende in sich selbst, in seinem eigenen Nabel«, schreibt sein Bewunderer Edwards. Die Lebensmittelrationierungen mußten aber auch Lezama Lima zugesetzt haben, der seine Freunde oft mit wahren Festmahlen verwöhnt hatte. Ernesto Cardenal, der ihn im Juli 1970 besuchte, spielt in seinem Reisebericht *In Kuba* darauf an: »Er hatte weder alkoholische Getränke noch sonst irgend etwas im Haus, das er und seine Frau mir hätten anbieten können, nur Havannazigarren und Limonade. An diesem Abend ging ich ohne Abendessen ins Bett.«

Doch als Lezama Lima am 8. August 1976 in seiner Wohnung zusammenbrach, konnten ihn die Sanitäter trotzdem nur noch durchs Wohnzimmerfenster nach draußen schaffen: Mit seiner Fettleibigkeit paßte er nicht mehr durch die Türen. Einen Tag später starb er im Krankenhaus an einer akuten Lungenentzündung. Kurz zuvor und viel zu spät war er als Schriftsteller rehabilitiert worden. Zu seinem Begräbnis versammelten sich alle kubanischen Schriftsteller von Rang und Namen, der ehemalige Weggefährte – und streng regimetreue – Cintio Vitier sprach von Lezama als einem »beispielhaften Kubaner«, der mit seinen kulturellen Leistungen inmitten von Ruinen eine Schanze errichtet hätte.

Als seine Frau vom Begräbnis in die Calle Trocadero 162 zurückkehrte, fand sie ein Paket aus Mexiko vor, auf das ihr Mann schon seit Tagen gewartet hatte. Darin befand sich, was Lezama Lima in Kuba zu Lebzeiten versagt geblieben war – der erste Band einer vollständigen Werkausgabe.

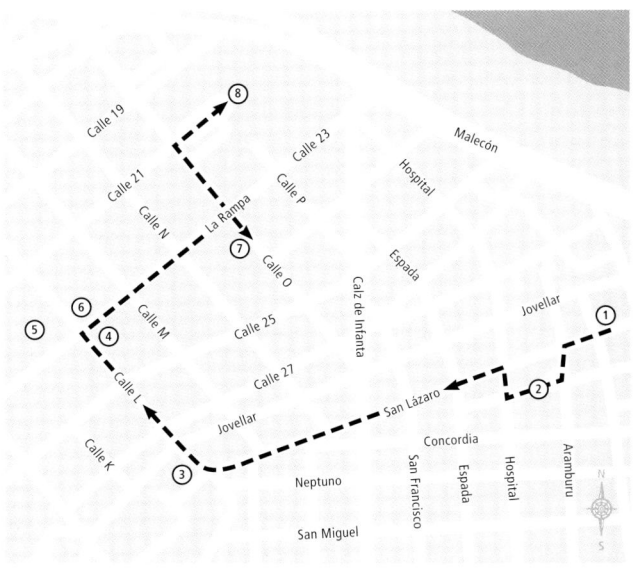

① Edificio Solimar ② Callejón de Hammel ③ Universität ④ Hotel Habana Libre
⑤ Heladería Coppelia ⑥ Edificio Radiocentro ⑦ Hotel Saint John's ⑧ Hotel
Nacional

Siebter Spaziergang

Von der Rumba zur *Rampa*:
In den pulsierenden Stadtteil Vedado

»Ich mag diese Straße nicht«, heißt es in Guillermo Cabrera Infantes Roman *Drei traurige Tiger* über die Calle San Lázaro. »Es ist eine verlogene Straße: Auf den ersten Blick, am Anfang, wirkt sie wie eine Straße in Paris oder Madrid oder Barcelona, und dann erweist sie sich als mittelmäßig, als zutiefst provinziell, und vom Parque Maceo an weitet sie sich zu einer der ödesten und häßlichsten Alleen Havannas.«

Cabrera Infante übertreibt. Immerhin gewährt die Calle San Lázaro wenn auch im Rhythmus der Häuserblocks zerstückelte, so doch Ausblicke aufs Meer. Sie verbindet die Stadtteile Vedado und Centro Habana miteinander und verläuft im östlichen Teilstück parallel zur Uferstraße des *Malecón*. Wir folgen dem Schriftsteller insofern, als wir unseren Spaziergang am weniger »öden« Teilstück der Straße beginnen, westlich vom *Parque Maceo*. Schon an der Kreuzung San Lázaro und Soledad überrascht der **Edificio Solimar**: Die Sehnsucht nach dem offenen Meer, das einen die engen, dichtbebauten und baumlosen Straßen von Centro Habana vergessen läßt, kommt in diesem Gebäude bestens zum Ausdruck. Das von Manuel Copado entworfene Apartmenthaus (1944) zeigt die Formen der Streamline-Moderne: seine wellenförmig geschwungenen Balkone und Stockwerke wirken wie Schiffsdecks, die Fenster lassen Luft und Licht einströmen.

In Centro Habana ist diese Art des Wohnens jedoch die

Ausnahme. Typisch dagegen ist jene Mietskaserne, wie sie Pedro Juan Gutiérrez im Roman *Schmutzige Havanna Trilogie* beschreibt: »Dieses Haus war einst ein elegantes, achtstöckiges Gebäude, mit Fassaden im Boston-Stil an der Ecke San Lázaro und dem Malecón. Jetzt ist es völlig verkommen. Heute wohnen hier nur Schwarze, alte Weiber, ein paar junge Nutten und auch ein paar alte, heruntergekommene, deren große Zeit abgelaufen ist, alte Trunkenbolde und Dutzende Zuwanderer aus Guantánamo, die in Schüben eintreffen und es irgendwie schaffen, sich mit zwanzig Leuten ein Zimmer zu teilen ... Es steht direkt am Meer, und die salzhaltige Luft zersetzt es förmlich, und niemand weiß, an wen man sich wenden könnte, um es zu reparieren.« Gleichwohl hat der Schriftsteller seinen Stadtteil bisher nicht aufgegeben. Immer wieder spürt er Orte auf, die ihn mit Havanna versöhnen, manchmal genügt dafür schon ein Wechsel der Perspektive: »Ich wohnte am schönsten Ort der Welt: in einem Zimmer auf dem Dach eines achtstöckigen Altbaus in Centro Habana. Gegen Abend schenkte ich mir ein Glas sehr starken Rum auf Eis ein und schrieb knallharte Gedichte (manchmal teils knallhart, teils melancholisch) ... Um diese Stunde wird alles golden, und ich genoss den Ausblick. Im Norden die Karibik, unberechenbar, mit Wasser aus Gold und Himmel. Im Süden und Osten die Altstadt, zerfressen von Zeit, Salpeter, Wind und Achtlosigkeit. Gen Westen sah man die modernen Hochhäuser der Neustadt. Jeder Stadtteil hatte seine ganz eigenen Menschen, Geräusche und Klänge.«
Die für diesen Teil von Centro Habana so charakteristischen Klänge der Rumba finden wir einen Häuserblock vom *Edificio Solimar* entfernt. Wir biegen von der Calle San Lázaro links in die Calle Aramburu, bis wir auf den **Callejón de Hammel** treffen. Die knapp zweihundert Meter lange Gasse ist nach Fernand Hammel benannt, einem

deutsch-französischen Waffenhändler, der sich hier nach dem Amerikanischen Bürgerkrieg als Wohltäter niederließ. Heute empfängt uns hier ein Feuerwerk der Farben: Großflächige afro-kubistische Wandmalereien, die der Maler und Bildhauer Salvador González 1990 an den Hausfassaden anbrachte, zeigen die Gottheiten der *Santería*, die Naturgeister des *Palo Monte*, die Teufelchen des *Abakuá*. Am Eingang zur Gasse, die sich zur Begegnungsstätte der afrokubanischen Nachbarschaft entwickelt hat, steht ein Schuppen, in dem rituelle Kräuter verkauft werden, daneben befindet sich das Atelier von González, das der Maler inzwischen zu einer Kunstgalerie erweitert hat.

Davor treffen sich jeden Sonntagmittag die besten Rumberos der Stadt: Allein mit Perkussion und Gesang liefern sie die Klangkulisse für die tänzerische Balz des Mannes, der mit eleganter Eindeutigkeit um seine Partnerin wirbt. Diese flieht oder erwidert die sexuell aufgeladene Pantomime, verweigert sich oder erliegt der Versuchung, wenn der Tänzer es schafft, ihr Geschlecht zu berühren. Es ist der Tanz des *Guaguancó*, ein verwegenes Spiel der Rumba: Der Mann gewinnt es, sobald er die Frau genau auf den Trommelschlag hin mit flinker Gebärde besitzen kann.

»Und plötzlich war da ein Kontrapunkt harter Schläge, aussetzend oder wiederholt, verstärkt, synkopierend, tremolierend, symmetrisch in der Intensität, asymmetrisch im Rhythmus und dennoch integriert in eine Einheit, wie die Stimmen einer Fuge eingeordnet in ein kohärentes und, aufgrund eines angeborenen Sinns für Ausgewogenheit, durchstrukturiertes Ganzes.« Mit diesen – etwas umständlichen – Worten versucht Alejo Carpentier in seinem Roman *Le Sacre du printemps* (1978) dem vertrackten Polyrhythmus der Rumba näherzukommen. Im Callejón de Hammel können wir der Rumba beiwohnen, wie sie sonst nur in den Hinterhöfen Havannas zelebriert wird: als eine Mischung aus afrokubanischem Kult und profaner Fiesta, zärtlicher Wucht und plötzlicher Erschöpfung. Viel Rum fließt dabei (unterderhand), und für jeden Besucher ist es ein Erlebnis, die markanten Gesichter der Musiker zu beobachten, in denen sich Aufschrei, Besessenheit und Schwermut spiegeln, während die Trommeln beben und auch das Publikum in Rage gerät. Mit der zu sittsamen Salonschrittchen zurechtgestutzten europäischen Rumba hat dieser Tanz nichts zu tun. Zumal wenn man bedenkt, daß er auf Kuba bis in die dreißiger Jahre hinein wegen seiner anstößigen Bewegungen sogar verboten gewesen war.

Doch eigentlich ist der Callejón de Hammel in Havanna durch eine ganz andere Musik berühmt geworden: Hier wohnte der dichtende Sänger, Gitarrist und Komponist Tirso Díaz (1895-1967), in dessen Haus Ende der vierziger Jahre die Bewegung des *Feeling* ins Leben gerufen wurde. Darin verschmolzen moderne Troubadoure die Lyrik der Boleros – kubanischer Balladen – mit dem Impressionismus Debussys und Einflüssen aus dem amerikanischen Jazz. In den fünfziger Jahren erreichte der *Feeling* seinen Höhepunkt, dem klassischen Bolero gegenüber entfaltete er einen bis dahin ungeahnten Reichtum an Melodien und Harmonien. Neben Gesangsstars wie Elena Burke und José Antonio Méndez machte sich damals auch die Sängerin Omara Portuondo einen Namen. Sie hatte 1953 in der Frauenband Anacaona (siehe Vierter Spaziergang) ihren Durchbruch erlebt, Jahrzehnte später sollte sie mit dem Buena Vista Social Club eine neuerliche Karriere starten. In ihren stimmungsvollen Interpretationen zeigt Portuondo, daß *Feeling* und Bolero nur zwei verschiedene Varianten sind, die um dasselbe Thema kreisen: die amouröse Ungewißheit zwischen Schmerz und Hoffnung. Beide Musikstile spiegeln das romantische Wesen der Kubaner, die allzu gerne nach den Sternen greifen. »Der Bolero«, resümiert Leonardo Padura in seinem

Roman *Der Nebel von gestern*, »ist keine Realität, sondern das Verlangen nach Realität, zu der man durch ein Trugbild der Realität gelangt.« Dem wird im Callejón de Hammel derzeit wieder Tribut gezollt: Jeweils am letzten Freitag eines Monats gibt es hier Dichterlesungen und Boleros.

Wir kommen zurück auf die Calle San Lázaro und gehen sie bis zu ihrem Anfang hinauf. Dort befinden wir uns bereits in Vedado. In diesem vornehmen Stadtteil sind die senkrecht zur Küste verlaufenden Straßen bis zur Avenida del Paseo (siehe Achter Spaziergang) alphabetisch, die parallel zur Küste liegenden Straßen numerisch angeordnet. An der Kreuzung Calle San Lázaro und Calle L macht Cabrera Infante übrigens die »einzige beschauliche Ecke« entlang der Calle San Lázaro aus – die Freitreppe der Universität.

Die **Universidad de La Habana** geht auf die 1728 von Dominikanern gegründete *Real y Pontificia Universidad de San Gerónimo* zurück, die im Ordenskloster nahe der Plaza de Armas untergebracht war. Ende des 19. Jahrhunderts wurde die Universität an ihren aktuellen Standort verlegt und 1901, unter der Regierung des Militärgouverneurs der USA, reorganisiert. Der Neubau, eine neoklassisch-symmetrische Anlage (1906-1927), folgt dem amerikanischen Modell eines selbständigen Campus, das Eingangsportal auf dem Aróstegui-Hügel ist zugleich das Rektorat: Der lichtdurchlässige Portikus mit korinthischen Säulen soll eine Art Propyläen zur Akropolis der Weisheit und des Wissens darstellen. Davor thront eine Bronzestatue der *Alma mater*, worin der tschechische Bildhauer Mario Korbel 1919 zwei Modelle verarbeitete: Auf den opulenten Körper einer kubanischen Mulattin setzte er den Kopf eines zierlichen sechzehnjährigen Mädchens aus einer vornehmen spanischen Familie. Zu diesem Wahrzeichen der Universität führen die achtundachtzig Stufen der monumen-

»Kontrapunkt harter Schläge«: Rumba im Callejón de Hammel.

talen, in Terrassen gegliederten Freitreppe hinauf, die neben der Parlamentstreppe in Helsinki oder der Potemkinschen Treppe in Odessa zu den schönsten der Welt zählt.

In seinem Klassiker *Soy Cuba* (1964) hat ihr der russische Regisseur Mikhail Kalatozov ein großartiges filmisches Denkmal gesetzt, das an das Vorbild Eisensteins in *Panzerkreuzer Potemkin* erinnert. In seinem Film erzählt Kalatozov die Hintergründe der kubanischen Revolution, in einer Schlüsselszene zeigt er mit künstlerischem Pathos Hunderte von Studenten auf der Universitätstreppe, deren friedliche Kundgebung gegen die Batista-Diktatur 1957 blutig niedergeschlagen wird.

Gewalt hatte auch innerhalb der Universität von Havanna einige Tradition. Der Campus war oftmals die Wiege von Aufständen, die sich gegen die verschiedenen Diktatoren richteten. Zeitweise gab es selbst in der Studentenschaft bewaffnete Gruppen, die miteinander rivalisierten. Vor allem 1947 und 1948 wurde der Campus vom Gangstertum beherrscht: Organisationen mit revolutionärem Anstrich kämpften um politischen Einfluß und erpreßten Schutzgelder, Politiker benutzten die studentischen Revolverhelden für ihre Zwecke, spielten sie gegeneinander aus und versahen manche Bandenmitglieder sogar mit Posten innerhalb der Polizei.

Auch der Jurastudent Fidel Castro war Mitglied einer dieser Banden, mehrmals wurde er öffentlich beschuldigt, an Attentaten beteiligt gewesen zu sein – etwa an der Ermordung des Nationalen Sportdirektors Manuel Castro, der am 22. Februar 1948 in der Altstadt erschossen wurde. Die Anschuldigungen gegen Fidel Castro ließen sich jedoch in keinem der Fälle beweisen. Manuel Castro – nicht verwandt mit Fidel – war übrigens ein Bekannter von Ernest Hemingway, welcher sich 1951 in seinem Artikel *The Shot* (deutsch: *Oben beim Oldtimer*) mit einiger Koketterie an den Pistolero erinnert: »Dieser Freund von mir, den sie umgelegt hatten, war in der Universitätsmannschaft ein erstklassiger Hintermann gewesen ... Für diesen Mord war niemals einer bestraft worden. Mein Freund hatte seine Touren gehabt, klar, er hatte immer gleich die Hand an der Pistole, aber ich habe nie gehört, daß er einen falschen erwischt hätte.« Hartgesottene Exilkubaner, unter ihnen Guillermo Cabrera Infante, vertraten später die Ansicht, daß auch Hemingway Fidel Castro für den Mörder hielt – und deshalb zum späteren Revolutionsführer angeblich auf Distanz ging.

Wenn wir die Calle L drei Häuserblocks hinaufgehen, kommen wir zum **Hotel Habana Libre**, das am 19. März 1958 als *Havana Hilton* eröffnet wurde. Das Gebäude mit siebenundzwanzig Etagen hatte ursprünglich offene Balkone, die längst durch eine geschlossene verspiegelte Glasfassade ersetzt sind. Von künstlerischem Wert ist allein das siebzig Meter lange Wandmosaik an der Sockelfassade: Es stammt von der Malerin Amelia Peláez (1896-1968) und trägt den Titel *Kubanische Früchte*. Peláez, die wohl bedeutendste moderne Künstlerin Kubas, gehörte zum literarischen Zirkel von José Lezama Lima, der auch manche Festrede zu ihren Ausstellungen hielt. In ihren Bildern – vor allem Stilleben – fängt Peláez das gleißende Licht Havannas ein und verarbeitet es zu knallenden Blau-, Rot- und Gelbtönen.

Kurz nach der Revolution beherrschten olivgrüne Uniformen die Flure des Luxushotels. Im obersten Stockwerk bezog Fidel Castro die Suite 2324 mit dem Namen *La Continental* und schlug dort sein Hauptquartier auf. Nebenan quartierten sich vorübergehend seine Sekretärin und Lebensgefährtin Celia Sánchez sowie sein Bruder Raúl ein. Von Januar bis März 1959 leitete Castro mit qualmender Zigarre und umgeschnalltem Revolvergürtel von seiner Suite aus die Staatsgeschäfte, unten in der *Sugar Bar* gab er erste Pressekonferenzen. In der Hotelküche scheiterte das erste von zahlreichen Attentaten gegen den *Máximo Líder* – seine Leibwächter entdeckten die von CIA-Agenten dem Kaffee beigemischten Giftpillen gerade noch rechtzeitig.

Nachdem Havanna im Mai 1960 diplomatische Beziehungen zu Moskau aufgenommen hatte, zog auch die sowjetische Botschaft für einige Monate ins Hotel, wo sie zwei Stockwerke beanspruchte. Im Zuge der Verstaatlichungen wechselte das Haus im Juni 1960 Besitzer und Namen, seither heißt es *Habana Libre*.

Das Hotel steht direkt an der Kreuzung Calle L und Calle 23 – dem Geschäfts- und Vergnügungszentrum der modernen Stadt. Schräg gegenüber vom *Habana Libre* liegt, umgeben von einem Park, die **Heladería Coppelia**. Die Eisdiele mit ihrem futuristischen Dach aus Spannbeton besitzt eine Kapazität für tausend Personen, nach ihrer Eröffnung im Juni 1966 gab es hier sechsundzwanzig verschiedene Eissorten im Angebot, deren Qualität in ganz Lateinamerika gerühmt wurde. Zwar haben Güte und Vielfalt seitdem stark abgenommen, aber noch immer ist die *Coppelia* einer der beliebtesten Treffpunkte von Familien und Jugendlichen, die oft stundenlange Warteschlangen in Kauf nehmen. Die gesellschaftliche Trennung ist allerdings strikt: Kubaner bezahlen in einheimischen Pesos, Touristen – die ein etwas besseres Eis ohne Wartezeit bekommen – in Devisen.

In Tomás Gutiérrez Aleas Film *Erdbeer und Schokolade* (1993) begegnen sich hier der schwule Künstler Diego und der linientreue Parteisoldat David. Trotz aller Gegensätzlichkeiten entsteht zwischen den beiden eine Freundschaft, kritisch beschreibt Gutiérrez Alea das sozialistisch vermauerte Kuba und endet mit einem Plädoyer für sexuelle und kulturelle Toleranz. Der international preisgekrönte Film hat übrigens auch in Havanna Spuren hinterlassen: Cineasten, Schauspieler, Künstler und Bohemiens treffen sich heute im *Centro Cultural Fresa y Chocolate* – benannt ist das Kulturzentrum nach dem Filmtitel, es liegt in derselben Calle 23 wie die *Coppelia*, ist aber knapp zwanzig Häuserblocks davon entfernt (zwischen den Straßen 10 und 12).

Gegenüber der Eisdiele, auf der anderen Straßenseite der Calle L, erhebt sich der 1947 errichtete **Edificio Radiocentro**, damals das erste multifunktionale Gebäude dieser Größenordnung. Es beherbergt Büros, im Erdgeschoß Geschäfte, und vor der Revolution waren hier verschiedene Fernsehstudios untergebracht. Zum *Radiocentro* gehört der **Cine Yara** mit seiner Fassade in flammendem Rot: eines der größten Kinos der Stadt, in dem alljährlich im Dezember auch die wichtigen Beiträge des Internationalen Festivals des Neuen Lateinamerikanischen Films gezeigt werden.

Bereits in den fünfziger Jahren war an dieser Straßenkreuzung der beschleunigte Pulsschlag Havannas zu spüren. Die Hauptschlagader bildete die Calle 23, die auf ihrem letzten, zur Uferstraße hin abschüssigen Stück den passenden Namen **La Rampa** trägt. An der *Rampa* lagen Hotels, Nachtclubs, Cabarets, Kinos, Restaurants, und auf den notorischen Nachtschwärmer Guillermo Cabrera Infante, der in *Drei traurige Tiger* Havanna wie einen einzigen riesigen Nachtclub durchstreift, übte die Straße in der Abenddämmerung eine besondere Faszination aus: »Die Stadt ... sah aus, als erstrahle sie in einem Licht, das weder künstlich war noch von der Sonne kam, als leuchte sie von selbst, und Havanna war reines Licht, eine strahlende Fata Morgana, fast eine Verheißung gegen die Nacht, die uns langsam einhüllte.«

Nicht wenige der historischen Lokale haben sich erhalten oder sind – nach der »Sonderperiode« – neu eröffnet worden. So das *Café Karabalí* und die *Cafetería Sofía*, in deren klimatisierten Kellern einige der besten aktuellen ku-

»Havanna war ein Wahnsinn!«: In der Calle 23, zwischen dem Kinopalast *Yara* und dem *Hotel Habana Libre*, schlägt der beschleunigte Puls der Metropole.

banischen Bands auftreten, oder der Jazzclub *La Zorra y el Cuervo*, eine ständige Referenz im Roman von Cabrera Infante. Sie alle findet man zwischen den Straßen N und O.

Auch auf der übrigen *Rampa* ist das Nachtleben weitgehend zurückgekehrt, einschließlich der Halbwelt. Die heutigen Nachtgestalten beschreibt Leonardo Padura treffend und mit ironischer Sympathie im Roman *Der Nebel von gestern* (2005), wo er seinen Helden Mario Conde das Geschehen auf der Straßenkreuzung L und 23 beobachten läßt: »Vor dem Eingang des Kinos und direkt gegenüber, auf der anderen Straßenseite, entlang dem Gitterzaun, der die Vorgärten des Eispalastes schützen sollte, ließ sich unter den schläfrigen Blicken mehrerer Polizeistreifen eine schlaflose Menschenmenge treiben. Schwule aller Tendenzen und Kategorien, Rocker ohne Bühne und ohne Musik, abenteuerliche Gestalten männlichen und weiblichen Geschlechts auf der Jagd nach den Dollars ausländischer Touristen, gelangweilte Nachtschwärmer mit eindeutigen, zweideutigen und sogar dreideutigen Absichten schienen dort Wurzeln geschlagen zu haben, ohne Angst vor der drohenden Morgendämmerung, dafür wie in Erwartung von etwas Unbekanntem, das sie straßenabwärts zum Meer oder straßenaufwärts vielleicht in den Himmel bringen konnte ... Rapper und Rastafaris, Prostituierte und Drogensüchtige, Neureiche und Neuarme ließen eine urbane Welt entstehen, deren Grenzen nach dem Besitz oder Nichtbesitz von Dollars festgelegt wurden, während sie langsam zur Normalität zurückkehrte.«

Drei Häuserblocks weiter unten können wir rechts in die Calle O biegen und finden nach ein paar Schritten das **Hotel Saint John's**, ein schmales türkisfarbenes Hochhaus, dessen Dachterrasse einen der schönsten Ausblicke auf die Stadt und die Küste bietet. Dort oben befindet sich noch immer der kleine Nachtclub *El Rincón del Feeling*, wo man in den fünfziger Jahren dem Gesang von Elena Burke, José Antonio Méndez und Frank Domínguez lauschen konnte. Doch diese Zeit ist längst vorbei: »Der *Feeling* starb«, schreibt Cabrera Infante verbittert über die grauen Revolutionsjahre, »als nur noch das Gefühl des Opportunismus zugelassen war.« Unten, in der Lobby-Bar, spielte der blinde Pianist Frank Emilio Flynn mit dem Jazz-Quartett von Eddie Shu, einmal sogar mit Sarah Vaughan. Und hier rief Frank Emilio mit seinen Musikern 1958 den Grupo Cubano de Música Moderna ins Leben – die erste reine Jazzformation in Kuba.

»Havanna war ein Wahnsinn!« schwärmt Leonardo Padura in *Der Nebel von gestern*, wenn er in seinem Roman stellenweise die goldenen Fünfziger wiederauferstehen läßt: »Ich glaube, es war die aufregendste Stadt der ganzen Welt. Die Nacht begann um sechs Uhr abends und hörte nie auf … So um zwei Uhr morgens, als wärs das Normalste der Welt, hast du zwischen Marlon Brando und Cab Calloway gesessen, gleich neben Errol Flynn und Josephine Baker. Und dann, wenn dir noch nicht die Puste ausgegangen war, runter an die Rampa, ab in die Grotte, und bis zum Morgen gabs 'ne Jazz-Session von Cachao, mit Tata Güines, Barreto, Bebo Valdés, Negro Vivar, Frank Emilio und all den verrückten Leuten, den besten Musikern, die Kuba je hervorgebracht hat.«

Die internationale Prominenz pflegte damals im **Hotel Nacional** abzusteigen, dessen von Königspalmen gesäumte Einfahrt ebenfalls an der Calle O liegt: einen Häuserblock nördlich vom *Saint John's*, zwischen der *Rampa* und der Calle 21. Das majestätische, 1930 eröffnete Gebäude thront auf dem Felsen einer ehemaligen spanischen Geschützanlage, blickt mit seiner Nordfassade auf den Atlantik und zeigt einen eklektischen Mix aus Neoklassik, spanischem Mudéjar und Art déco. Im Swimmingpool zog schon Tarzan-Jodler Johnny Weissmüller seine Bahnen, andere illustre Gäste waren Buster Keaton, Fred Astaire, Rita Hayworth, Errol Flynn, Marlene Dietrich – oder der Herzog von Windsor, der im März 1954 mit seiner bürgerlichen, skandalträchtigen Frau Wallis Simpson zum Golfen nach Kuba reiste.

Josephine Baker, die 1952 zum zweitenmal nach Havanna kam, wurde jedoch wegen ihrer Hautfarbe abgewiesen. Der Rassismus der Hotelleitung war allgemein bekannt; sie behauptete, das Haus sei ausgebucht – was bei der Vedette zu einem Wutausbruch führte und in der kubanischen wie internationalen Presse für einigen Wirbel sorgte. Der Mulatte Nicolás Guillén widmete der Tänzerin daraufhin sein Gedicht *Brindis* (»Trinkspruch«) und fragt darin entrüstet: »Man versagte dir einen Tisch / und einen Hocker auf Pump? / Der unwirsche Barmann / weigerte sich, deinen Cocktail zu mixen / weil deine Haut dunkel ist / obwohl deine Füße göttlich sind?« Die öffentlichen Solidaritätsbekundungen nutzten nicht viel. Als Josephine Baker 1953 erneut in die Stadt kam, blieben ihr nicht nur die Hotels verschlossen, auch ihre Auftritte im *Teatro América*, dem *Cabaret Montmartre* und im Fernsehsender *CMQ* wurden abgesagt. Die Vertragspartner der Künstlerin waren von der US-Botschaft unter Druck gesetzt worden: Die USA hatten Baker, die dort die Bürgerrechtsbewegung unterstützte, wegen »kommunistischer Umtriebe« zur Persona non grata erklärt. Im Januar 1966 erfuhr sie Genugtuung: Sie war Ehrengast der Trikontinentalen Konferenz, zu der in Havanna Delegierte aus zweiundachtzig Staaten eintrafen, um über die Dekolonialisierung zu beraten. Baker wurde von Fidel Castro empfangen, gab eine leidenschaftliche Presseerklärung gegen Rassismus ab und feierte schließlich im *Gran Teatro García Lorca* einen spektakulären Auftritt.

Großzügig wiederum zeigte sich das *Hotel Nacional* gegenüber den Mafiosi aus den USA. Schon im Oktober 1946 hatten Charles »Lucky« Luciano und dessen Partner Meyer Lansky die Zimmer 824 und 212 bezogen, um den größten Mafia-Kongreß aller Zeiten vorzubereiten. Die sogenannte »Havannakonferenz« tagte vom 22. bis 26. Dezember exklusiv im *Nacional* und wurde von der demokratischen Regierung unter Grau San Martín stillschweigend gebilligt. Muskelbepackte Leibwächter der angereisten Paten riegelten die Zufahrt an der Calle O ab, Polizei und Presse hatten sich fernzuhalten, und für die rund fünfhundert Persönlichkeiten der ehrenwerten Gesellschaft sang Frank Sinatra abends im Casino. Auf dem weihnachtlichen Konzil des *National Crime Syndicate* wurde der Tod Benjamin »Bugsy« Siegels beschlossen, die Weichen für das Emporium von Las Vegas – mitsamt der lukrativen Filiale in Havanna – gestellt, vor allem aber dem Entschluß »Lucky« Lucianos Rechnung getragen, sich in Havanna niederzulassen, um so der Verfolgung durch die amerikanische Justiz zu entgehen.

Meyer Lansky, der durch die Gegenwart Lucianos sein wachsendes Finanzreich auf Kuba bedroht sah, wußte sich bald seines Rivalen zu entledigen. Im April 1947 wurde der »Boß aller Bosse« nach eifrig geschürten Skandalen in einem Restaurant in Vedado festgenommen und kurz darauf nach Sizilien deportiert. Fortan sollte Meyer Lansky zum obersten Chef des mächtigen Las-Vegas-Havanna-Clans aufsteigen. Sein Hauptquartier schlug der »Zar des Glücksspiels« in einer Suite im siebten Stockwerk des *Nacional* auf. Wichtiger als der Blick aufs Meer war ihm, daß er mit dem Aufzug direkt ins Parkhaus im Untergeschoß gelangte, aus dem er dann in einer seiner dunklen Limousinen das Hotel ungesehen verlassen konnte. »Meyer Lansky«, berichtet sein kubanischer Leibwächter und Chauffeur Jaime Casielles, »war ein Mann, der sich immer im Schatten bewegte. Niemand wußte etwas über ihn, keiner wußte, wer er war, was er tat, wo er eigentlich wohnte, wer seine Kontakte waren und wo diese sich aufhielten. In Havanna war es so gut wie unmöglich, Meyer Lansky in die Quere zu kommen, ihm eins auszuwischen.« Seit 1952 genoß der Mobster obendrein Protektion von höchster Stelle – die seines wichtigsten kubanischen Geschäftspartners, des Generals und Diktators Fulgencio Batista.

Ein Jahr nach der Revolution, am 22. Februar 1960, quartierten sich Jean-Paul Sartre und Simone de Beauvoir – in getrennten Zimmern – im *Hotel Nacional* ein; sie folgten einer Einladung von Carlos Franqui, dem damaligen Chefredakteur der Zeitung *Revolución*. »Wir wohnten im Viertel der Vornehmen. Das Hotel ›Nacional‹ ist eine Luxusfestung, flankiert von zwei viereckigen Türmen, die mit Schießscharten versehen sind.« Der politisch engagierte Philosoph recherchierte für eine Reportage über das revolutionäre Kuba, die später in der Zeitung *France Soir* erschien und in Deutschland auszugsweise vom *Spiegel* abgedruckt wurde. Einen Monat lang bereiste das Paar die Insel, zeitweise in Begleitung von Fidel Castro.

Für Sartre, der Havanna bereits bei einem kurzen Besuch 1949 kennengelernt hatte, barg die Stadt zunächst keine nennenswerten Überraschungen: »Ich suchte die Revolution in den Straßen der Hauptstadt. Stundenlang gingen wir, Simone de Beauvoir und ich. Wir gingen überallhin. Doch ich fand, daß sich nichts geändert hatte. In den Elendsvierteln schien mir das Schicksal der Armen weder besser noch schlimmer als früher. In anderen Vierteln hatten sich die sichtbaren Zeichen des Luxus sogar vervielfacht ... An jedem Abend stürzt eine Flutwelle elektrischen Lichts auf die Stadt. Sie tönt den Himmel rosarot und malvenfarben. Überall rieselt das Neonlicht und rühmt die Produkte:

›Made in USA‹.« Simone de Beauvoir sah das etwas anders. In ihren Memoiren *Der Lauf der Dinge* schreibt sie: »Havanna hatte sich verändert. Es gab keine Nachtlokale mehr, keine Spielsäle, keine amerikanischen Touristen. In dem halb leeren Hotel ›Nacional‹ hielten blutjunge Milizleute ... einen Kongreß ab. Überall in den Straßen, auf den Dächern exerzierte die Miliz.«

Kuba glich im Frühjahr 1960 einem Pulverfaß. Die Landreform war in vollem Gange, die USA unterstützten bewaffnete anticastristische Gruppen im Escambray-Gebirge. Im Februar unterzeichnete Castro ein Kredit- und Handelsabkommen mit der Sowjetunion. Daraufhin intervenierten die USA international, um eine Kreditvergabe europäischer Banken an Kuba zu verhindern. Gleichzeitig stellten sie die Versorgung der Insel mit westlichen Rüstungsgütern unter Strafe. Belgien jedoch ignorierte das Verbot. Als der belgische mit Waffen beladene Dampfer *La Coubre* am 4. März im Hafen von Havanna explodierte, hielten sich Jean-Paul Sartre und Simone de Beauvoir immer noch in der Stadt auf. Der Sabotageakt kostete einundachtzig Menschen das Leben, weitere dreihundert wurden verletzt. In seiner Rede während der Bestattung der Opfer machte Fidel Castro die USA für den Anschlag verantwortlich. Drei Wochen später, anläßlich eines Aufmarsches der Volksmiliz, ließ er dann erstmals jenen Kampfruf ertönen, mit dem er etliche seiner Ansprachen beenden sollte: *Patria o Muerte!* (»Vaterland oder Tod!«)

»In der Luft, die über Havanna hing, lag schon die Bedrohung, die sich einige Monate später, im April 1961, in der Invasion an der Schweinebucht niederschlug«, erinnert sich der Schriftsteller Juan Arcocha, der für Sartre dolmetschte und später als Botschafter Kubas nach Paris ging. Für Arcocha war Sartres Besuch »wie die Erscheinung des Heiligen Geistes«, aber »unseren politischen Führern war der Existenzialismus kaum geläufig, ebensowenig wie die moralische und geistige Autorität, die Sartre unter den französischen Intellektuellen besaß. Doch Carlos Franqui hatte Fidel Castro erklärt, daß Sartre ein ›hochangesehener Journalist‹ war, den man aufs beste empfangen müsse, und das versprach Castro zu tun.« Der Philosoph zeigte sich vom charismatischen *Comandante en Jefe*, dem die Mehrheit der Bevölkerung bedingungslos folgte, stark beeindruckt. Einmal fragte er Castro: »Und wenn man den Mond von Ihnen verlangen würde?« Der *Comandante* entgegnete: »Wenn man von mir den Mond verlangen würde, so deshalb, weil man ihn nötig hätte.« »Nach dieser Antwort«, schreibt Sartre, »fühlte ich, daß er einer meiner Freunde geworden war, aber ich wollte ihm mit dieser Mitteilung nicht die Zeit stehlen.«

Sartre ist wegen seiner positiven Reportage im nachhinein oft kritisiert worden. Noch heute hebt etwa Antonio José Ponte »das Dümmliche einiger Fragmente« hervor, im besten Fall bescheinigte man dem Philosophen Naivität: Er sei den Verführungskünsten Fidel Castros auf den Leim gegangen und hätte sich von ihm instrumentalisieren lassen.

Oft genug allerdings setzte Sartre die rosarote Brille ab und erkannte Gefahren, die noch nicht ins Blickfeld der enthusiastischen kubanischen Intellektuellen geraten waren. So berichtet Juan Arcocha von einer Diskussion mit Schriftstellern, unter ihnen Carpentier und Cabrera Infante, bei der Sartre betonte: »Lassen Sie es auf keinen Fall zu, daß man Ihnen einen Schriftstellerverband aufzwingt; das wäre der Anfang vom Ende.« Sartre spielte auf die Kulturpolitik in der Sowjetunion an; was Kuba betraf, sollte er mit seiner Vorahnung recht behalten (siehe Achter Spaziergang). Simone de Beauvoir äußert sich dazu in ihren Memoiren deutlicher: »In bezug auf die Dichtkunst erklärte

[Nicolás] Guillén: ›Ich halte jedes Formexperiment für konterrevolutionär.‹ Sie verlangten, daß man sich den Regeln
des sozialistischen Realismus füge. Unter vier Augen sag-
ten uns Schriftsteller, daß sie begonnen hätten, sich selber
zu zensurieren und sich zu fragen: ›Bin ich wirklich ein Revolutionär?‹«

Zurück in Frankreich, verfolgten beide die Ereignisse in
Kuba mit Sorge. In ihren Memoiren kritisiert Simone de
Beauvoir die »US-Blockade«, aber auch »schwere Fehlgrif-
fe« der kubanischen Staatsführung, die einen »Tiefstand
des Lebensstandards zur Folge gehabt hatten«, das »Terror-
regime« der Polizei sowie die Verhaftung eines homosexu-
ellen Schriftstellers.

Doch von Havanna war ihnen auch der Luxus des *Hotel
Nacional* in Erinnerung geblieben. »Nachdem sich Sartre
in Havanna für die künstliche Frische im ›Nacional‹ begeistert hatte«, schreibt Simone de Beauvoir über einen Sommer, den das Paar in Italien verbrachte, »mieteten wir in
Rom zwei nebeneinanderliegende Zimmer, die mit einer
Klimaanlage versehen waren.«

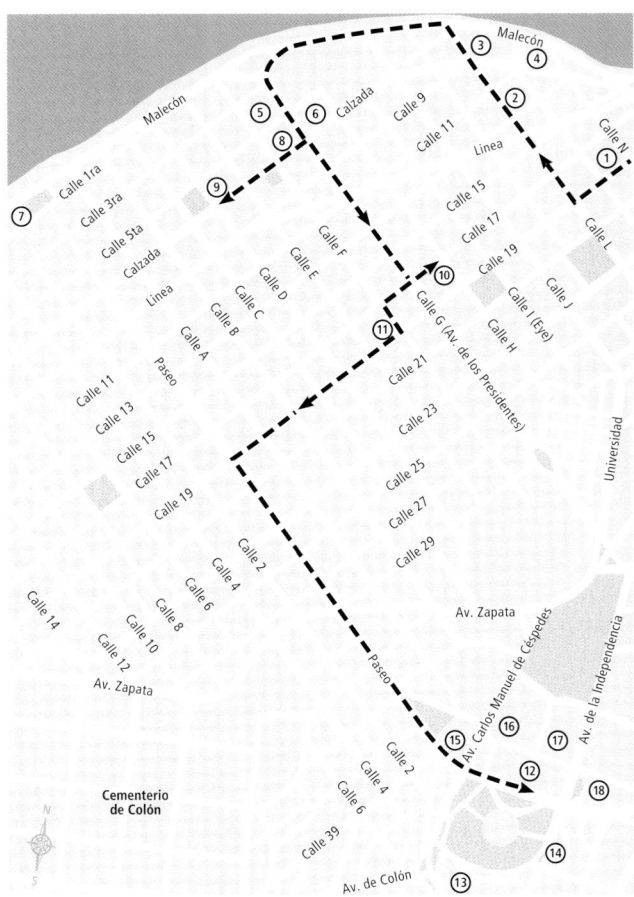

① Edificio Focsa ② Edificio López Serrano ③ US-Amerikanische Interessenvertretung ④ Tribuna Antiimperialista ⑤ Casa de las Américas ⑥ Außenministerium ⑦ Hotel Riviera ⑧ Hotel Presidente ⑨ Teatro Auditórium ⑩ Union de Escritores y Artistas de Cuba (UNEAC) ⑪ Centro Cultural Dulce María Loynaz ⑫ Plaza de la Revolución ⑬ Palacio de la Revolución ⑭ Ministerium der Streitkräfte ⑮ Teatro Nacional ⑯ Innenministerium ⑰ Ministerium für Fernmeldewesen und Informatik ⑱ Biblioteca Nacional José Martí

Achter Spaziergang

Durch den grünen Stadtteil Vedado:
Vom *Malecón* bis zur Plaza de la Revolución

Um Havanna wucherte der Urwald, westlich der Stadt-mauern standen ausgedehnte Zedernwälder. Und weil sich Zedernholz für den Schiffbau besser eignete als das im Mutterland verwendete Eichenholz, ließ die spanische Kro-ne 1720 in Havanna die größte Schiffswerft ihres Kolonial-reiches errichten. Den Bürgern hingegen war das Abholzen in den Wäldern verboten – darauf geht der Name *Vedado* (»Sperrgebiet«) zurück.

Ende des 19. Jahrhunderts wich das Waldgebiet einer mo-dernen Gartenstadt mit großzügigen, schachbrettartig an-gelegten Straßen. Zu den ersten Anwohnern gehörten hohe Offiziere aus dem Unabhängigkeitskrieg, Aristokraten, Po-litiker, Bankiers sowie durch die Zuckerwirtschaft reich gewordene spanische Einwanderer.

War bis 1931 noch eine Traufhöhe von maximal drei Stock-werken vorgeschrieben, wurden doch schon bald Ausnah-men zugelassen; die ersten Hochhäuser entstanden. Darauf bezieht sich Graham Greene in *Unser Mann in Havanna*, wenn er seinen Helden Wormold um 1957 durchs »neue Viertel von Vedado« streifen läßt; er sieht »kleine creme-farbene und weiße Häuser, die reichen Männern gehörten. Wie reich ein Mann war, ließ sich daraus schließen, wie we-nig Stockwerke das Haus hatte. Nur ein Millionär konnte sich einen Bungalow auf einem Grundstück leisten, auf dem ein Wolkenkratzer hätte stehen können.«

Im östlichen Vedado, an der Kreuzung Calle N und Calle

19, treffen wir auf den hunderteinundzwanzig Meter hohen **Edificio Focsa** – benannt nach dem Akronym der Baufirma *(Fomento de Construcciones y Obras Sociedad Anónima)*. Die Fassade dieses Wahrzeichens der kubanischen Moderne sieht aus wie ein riesiges aufgeschlagenes Buch. Nach nur zwei Jahren Bauzeit wurde die Wohnmaschine 1956 fertiggestellt und war damals die zweithöchste Stahlbetonkonstruktion der Welt. Noch heute ist es das höchste Gebäude der Stadt. Vom obersten Stockwerk, wo sich die Bar *La Torre* befindet, gewinnt man den besten Blick auf Havanna; geradezu spektakulär fand ihn Guillermo Cabrera Infante am späten Nachmittag, »wenn sich die Sommersonne über einem indigoblauen Meer rötet, zwischen Wolken, die das Ganze manchmal verderben, weil sie daraus die Abenddämmerung in der Schlußeinstellung eines frommen Technicolorfilms machen.« Von dort läßt sich auch erkennen, wie sich die Flexibilisierung der Bauhöhe seit 1931 ausgewirkt hat. Die heutige Silhouette von Vedado, vor allem in Küstennähe, wird von Wohntürmen beherrscht, die während des von US-Investoren vorangetriebenen Baubooms der fünfziger Jahre entstanden sind.

Wir folgen der Calle 19 zwei Häuserblocks in westliche Richtung, biegen rechts in die Calle L, die wir vier Blocks in nördliche Richtung hinaufgehen. Nachdem wir die Calle Línea überquert haben (hier fuhr 1901 die erste, von der *Havana Electric Railway Company* betriebene Straßenbahn), kommen wir an der Kreuzung Calle L und Calle 13 zum **Edificio López Serrano**.

Das 1932 vollendete, von Ricardo Mirach und Miguel Rosich entworfene Art-déco-Hochhaus ist ein Kunstwerk: Der elegante, gestaffelte Bau mit vierzehn Geschossen orientiert sich an New Yorker Vorbildern, über Portalen, Fenstern und Friesen ist vegetabilischer Schmuck auf Bronzepaneelen angebracht, und der mit rotem Marmor verkleidete

Eingangsbereich zeigt ein Relief aus versilbertem Nickel, das Geschwindigkeit und Fortschritt versinnbildlicht.

In der Lobby findet man ein kleines Denkmal für den Rechtsanwalt und Politiker Eduardo Chibás (1907-1951). Dessen 1947 gegründete Orthodoxe Partei prangerte die Allianz des Präsidenten Prío Socarrás mit der Mafia an. Chibás, der in diesem Gebäude wohnte, galt als einer der wenigen nicht korrupten Politiker und aussichtsreicher Präsidentschaftskandidat für die Wahlen von 1952. Zugleich war der Radikalreformer ein Mentor Fidel Castros, welcher sich als Mitglied der Orthodoxen um ein Abgeordnetenmandat beworben hatte. Doch der integre Chibás erschoß sich am 5. August 1951 während seiner populären wöchentlichen Radiosendung, weil er angeblich die Korruptionsvorwürfe gegen einen Minister nicht hatte beweisen können. Die restliche Geschichte ist bekannt: General Batista verhindert die Wahlen und putscht sich im März 1952 an die Macht, Meyer Lansky wird sein offizieller Berater in Casino-Angelegenheiten, Fidel Castro nimmt das intellektuelle Erbe von Chibás und José Martí mit in den Untergrund, wo er seine revolutionäre Bewegung organisiert.

Folgen wir der Calle L bis zu ihrem Ende an der Uferstraße, so treffen wir auf das Gebäude der **Amerikanischen Interessenvertretung**, in dem bis 1961 die Botschaft der USA saß. In dem nüchternen Bau von 1953 sollte das oberste Stockwerk als vornehme Residenz des Botschafters dienen, samt einem Balkon zum Meer. Wie der chilenische Schriftsteller Jorge Edwards bissig schreibt, »hatte sich die Botschaft der Vereinigten Staaten in den fünfziger Jahren in einer Festung aus Beton und Glas in der für diese Zeit typischen, aseptischen Architektur niedergelassen, wo ihre Mitglieder des Abends in einer bunten, lauten Prozession aus Cadillacs, Oldtimern und Sportwagen entlangfuhren, inmitten der schwarzen Kinder, die zwischen den Passanten her-

umsprangen und bettelten, der jungen Studenten in Hemds-
ärmeln mit den kariösen Zähnen, die das Spektakel voller
Zorn betrachteten und von der Revolution träumten, während die Jachten das blaue karibische Meer durchpflüg-
ten und an den Spieltischen das Geräusch der Jetons lauter
wurde, im Club La Torre die riesigen Daiquiris mit ihrem
eisigen Schaum gereicht wurden und in einem schäbigen
Apartment mit schmutzigen Wänden irgendwelche Schergen einen Mann durch Genickschuss töteten.«
Direkt gegenüber der weitläufig abgesperrten US-Inter-
essenvertretung liegt die **Tribuna Antiimperialista**: ein langer
Platz für Aufmärsche und Demonstrationen, der meist ebenso brachliegt wie die diplomatischen Beziehungen zwischen Kuba und den USA. Dennoch bringt er das seit dem
Sieg der Revolution äußerst spannungsgeladene Verhältnis
beider Staaten zum Ausdruck. Errichtet wurde diese »Tri-
büne« nämlich während des Konflikts um das Flüchtlings-
kind Elián González. Der sechsjährige Junge gehörte zu
den wenigen Überlebenden einer Gruppe von Kubanern,
die im November 1999 versucht hatte, die Küste Floridas
auf einem Floß zu erreichen. Dabei waren die Mutter und
der Stiefvater des Kindes ertrunken. In dem monatelan-
gen, sogar auf Regierungsebene heftig ausgetragenen Streit
sollte entschieden werden, ob Elián bei Verwandten in
Miami bleiben oder zu seinem Vater nach Havanna zurückkehren dürfe. Auch kubanische Schriftsteller im Exil schal-
teten sich ein: Jesús Díaz in Madrid befürwortete eine
Rückkehr zum leiblichen Vater, Guillermo Cabrera Infante
in London warnte davor, den Jungen »in Dantes Hölle« zu-
rückzuschicken. Das Tauziehen endete mit einem Beschluß
des Obersten Gerichtshofs der USA, Elián der Obhut seines Vaters zu übergeben. Weil seine Verwandten sich dem
widersetzten, wurde Elián am 22. April 2000 in einer dra-
matischen Aktion von Sondereinsatzkräften aus dem Haus

seines Großonkels in Miami befreit. Jesús Díaz folgerte: »Elián ist ein Symbol der kubanischen Tragödie: Exil, Boat people, Ertrunkene, Waisen, zerrüttete Familien, Manipulation, Hysterie, Forderungen an Washington. Und niemand weiß, wie weit unser Wahnsinn noch gehen wird.« Sogar der Dichter und Nationalheld José Martí mußte – wieder einmal – herhalten: Als Bronzestatue, die eigens für den Platz geschaffen wurde, trägt er Elián auf einem Arm, mit dem anderen weist er anklagend auf die Interessenvertretung der USA.

Wie konfliktträchtig die Verbindung von Literatur und Politik im revolutionären Kuba ist, beschreibt der Chilene Jorge Edwards in seinem literarischen Bericht *Persona non grata* (1973) am eigenen Beispiel. Am 7. Dezember 1970 reist der achtunddreißigjährige Schriftsteller und Diplomat nach Havanna, um als Gesandter der Regierung Salvador Allendes die diplomatischen Beziehungen zwischen beiden Ländern wiederaufzunehmen und die Amtswege für den späteren Botschafter zu ebnen. Havanna kennt Edwards bereits: Im Januar 1968 ist er Jurymitglied bei einem von der *Casa de las Américas* ausgeschriebenen Literaturwettbewerb gewesen. Nun bleibt er dreieinhalb Monate – genügend Zeit, um das sozialistische Experiment, mit dem er offen sympathisiert, aus der Nähe zu studieren. Doch von den kubanischen Behörden wird er gründlich desavouiert. Als Amtsstube und Wohnung bekommt er lediglich eine Suite im 18. Stock des *Hotel Riviera* zugewiesen, »in den ersten zwei oder drei Tagen saß ich ... im Hotel fest, ohne ein Fahrzeug, das man normalerweise jedem offiziellen Gast zur Verfügung stellt.« Obendrein wird Edwards von der Staatssicherheit bespitzelt, seine Räume werden abgehört und durchsucht. Den Grund für dieses Mißtrauen der kubanischen Führung nennt ihm schließlich Fidel Castro persönlich: Edwards sei ein »bürgerlicher Intellektueller«, zudem pflege er in Havanna Kontakt zu Schriftstellern wie José Lezama Lima und Heberto Padilla, die in Ungnade gefallen sind. »Fidel wollte Stalin nicht namentlich erwähnen, aber er machte deutlich, dass die Kulturpolitik der Revolution in eine stalinistische Phase eintrat.« Enttäuscht vom »Polizeisozialismus«, verläßt der Schriftsteller Kuba im März 1971 und tritt in Paris unter Botschafter Pablo Neruda seinen nächsten Posten an.

Auf diese »graue Periode«, wie die Siebziger heute in Kuba genannt werden, kommen wir im Verlauf unseres Spaziergangs noch einmal zu sprechen. Einstweilen folgen wir Jorge Edwards, der in den ersten Tagen seiner Mission den *Malecón* zu Fuß entlangging, um der *Casa de las Américas* einen Besuch abzustatten. Von der Interessenvertretung der USA an bis zu ihrem westlichen Ende am Río Almendares wirkt die breite Uferstraße wie verlassen; sie wird von freistehenden Hochhäusern, vereinzelten Hotels, kleinen Restaurants und Geschäftszentren gesäumt. Auf der gegenüberliegenden Seite erstreckt sich das weite Meer und ein schier unendlicher Horizont.

»Der Schweiß rann mir über den Körper, und das blaue Gebäude der *Casa* mit seiner Architektur aus den 30er Jahren tauchte und tauchte nicht auf. Man konnte an der Ufermauer durch die Löcher den mächtigen Sog oder den heftigen Anprall der Gischt hören … Gegenüber dem Meer erhoben sich in den verfallenen Gebäuden, die einst eine prunkhafte Skyline à la Nordamerika dargestellt hatten, die kaputten, zum Schutz vor dem Wind notdürftig mit Papier geflickten Fenster. Die Mauern einiger unbewohnter Häuser waren halb eingestürzt. Hin und wieder sah man kleine Schuttberge und Teile verbrannter Karosserien, als wären Zungen aus Flammen und vernichtendem Salz über sie gefahren.«

Hinter dem Reiterstandbild von Calixto García, einem General des kubanischen Unabhängigkeitskriegs, ragt das Gebäude der **Casa de las Américas** (1940) wie eine Art-déco-Kathedrale in den Himmel. Das international angesehene Kulturinstitut wurde im April 1959 gegründet, seitdem fördert es den Austausch zwischen den Kunstschaffenden Lateinamerikas. Es stiftet jedes Jahr Preise für Literatur, Musikwissenschaft, Komposition und Theater, organisiert Kunstausstellungen, unterhält einen Verlag und gibt die Zeitschrift *Casa de las Américas* heraus. Wie viele seiner Schriftstellerkollegen war auch Jorge Edwards von der kulturellen Aufbruchstimmung angetan, die das Institut mit seinen »surrealistisch angehauchten Fantasien« in den ersten Jahren der Revolution verkörperte.

Wer möchte, geht den Malecón weitere sieben Häuserblocks hinauf bis zum **Hotel Riviera**. Edwards belegte dort mit seiner »geduldigen tragbaren Schreibmaschine« die Suite 1813. Das Haus wurde 1957 von Meyer Lansky eröffnet, und noch heute strahlt es die Extravaganz jener Epoche aus. Selbst Edwards schwärmte: »Als die Türen aufgingen, wurde man plötzlich in eine stille, zeitlose Atmosphäre versetzt, mit vergoldeten Leisten, Statuen und einem dikken Teppich, der die zwölf Jahre Revolution tadellos überstanden hatte. Die Zimmer erinnerten an Hollywooddekorationen der fünfziger Jahre: glänzende Bettdecken, mit den roten Vorhängen kontrastierende Möbel und Wände in Pastellfarben, Glastische, eine Bar mit Hockern und ein Tisch mit vier Stühlen auf einer Seite. Die Bäder und Schränke waren prächtig. Man konnte sich Barbara Stanwick, Linda Darnell, die junge Rita Hayworth oder Marilyn Monroe in einer Nebenrolle, noch ganz am Anfang ihrer Karriere vorstellen.« Doch nicht nur auf seinen Spaziergängen, auch im Hotel geriet Edwards ins Schwitzen: Die Klimaanlage auf seiner Etage funktionierte nicht, weil darin Abhörgeräte installiert waren.

Wir setzen unseren Spaziergang an der *Casa de las Américas* fort, wo die (auch Calle G genannte) **Avenida de los Presidentes** beginnt. Die prächtig angelegte Allee durchzieht Vedado wie eine grüne Schneise von Norden nach Süden; ihre Promenade, auf der Königspalmen, kunstvoll beschnittene Buchsbäume, Brunnen und Denkmäler einiger Präsidenten Kubas, Nord- und Lateinamerikas stehen, entwarf der französische Landschaftsarchitekt Jean Claude Forestier Mitte der zwanziger Jahre. Hier zeigt sich der vornehmweitläufige Charakter des Stadtteils, von dem Wladimir Majakowski 1925 schrieb: »Entlang dem ganzen Vedado, dieser rosig-gartenreichen Villenzeile der Amerikaner, stehen auf einem Bein Flamingos von der Farbe der Morgenröte. Und auf kleinen Rundschemeln stehen unter Sonnenschirmen Schutzmänner, die Leibwache der Yankees.« All diese Figuren sind freilich nach der Revolution verschwunden. Und in zahlreiche der herrschaftlichen Villen zogen Botschaften, Behörden, Schulen oder Forschungsinstitute. So hat sich das kubanische **Außenministerium** schräg gegenüber der *Casa de las Américas* im ehemaligen Palast der Condesa de Loreto (1923) eingerichtet. Die Büros liegen jedoch in dem modernen Gebäude (1959) davor, das die erste gläserne Vorhangfassade Havannas zeigt.

Vis-à-vis, an der Calle Calzada, erhebt sich das 1927 erbaute **Hotel Presidente**, mit seinen zehn Etagen damals das erste Hochhaus Vedados, das die vorgeschriebene Traufhöhe von maximal drei Stockwerken überschreiten durfte. Hier stieg Erich Kleiber (1890-1956) ab, wenn er nach Havanna kam, um das Philharmonische Orchester als Chefdirigent zu leiten. Seine Arbeitsstätte lag nur zwei Häuserblocks entfernt, an der Kreuzung Calle Calzada und Calle D.

Ein Abstecher dorthin führt uns zum **Teatro Auditórium**, das seit 1959 nach dem kubanischen Komponisten Amadeo Roldán (1890-1939) benannt ist. Der schneeweiße Palast hat zwei Konzertsäle und bietet insgesamt 1200 Zuschauern Platz. Bei seiner Eröffnung 1928 galt er als modernes Gegenstück zum *Gran Teatro Nacional* am Prado. An der Ballettschule des *Auditórium* durchlief die Ballerina Alicia Alonso ihre Ausbildung, hier feierte sie ihr Debüt, bevor sie 1938 nach New York ging. Zehn Jahre später gründete sie ihre eigene Kompanie, aus der schließlich das *Ballet Nacional de Cuba* hervorgegangen ist.

Am 25. März 1943 gab Erich Kleiber sein erstes Konzert im *Auditórium*, in den folgenden vier Jahren führte er hier insgesamt achtzig Konzerte mit dem Philharmonischen Orchester von Havanna auf. Die kubanischen Musiker lobten sein unglaubliches Gedächtnis (er las nie von der Partitur ab), sie waren ergriffen von der Autorität und aristokratischen Aura, die den österreichischen Dirigenten umgab. Doch Kleiber goutierte auch die »leichtere« kubanische Musik, Suiten und Zarzuelas mit afrokubanischem Einschlag; er freundete sich mit den modernen Komponisten Gilberto Valdés, Gonzalo Roig und Ernesto Lecuona an, deren Werke er hier interpretierte.

Noch andere prominente Künstler wirkten als Dirigenten des Orchesters: Igor Strawinsky debütierte im *Auditórium* 1946 mit seinem *Feuervogel*, nach dem Rücktritt Kleibers übernahmen nacheinander Juan José Castro, Charles Münch und Clemens Krauss die Leitung, im Frühjahr 1949 gab der vierzigjährige Herbert von Karajan zwei Doppelkonzerte: Am 3. und 4. April stand Beethovens 9. Symphonie auf dem Programm. Unter den erwartungsvollen Zuschauern befand sich auch José Lezama Lima, der in seinem unvergleichlichen Stil und voller Vorfreude an einen Freund geschrieben hatte: »Mein freudiges Ich springt wie ein Eichhörnchen, das in seinen grauvioletten Flanellrock beißt.« Obwohl Karajan sich weigerte, bei seinen Konzerten die Nationalhymne erklingen zu lassen, und damit die Kuba-

Avenida de los Presidentes und das *Hotel Presidente* im Stadtteil Vedado.

ner vor den Kopf stieß, lag ihm das Publikum des überfüll-
ten *Auditórium* zum Schluß dennoch zu Füßen.

Nach der Revolution wurde unter dem Dach der Konzerthalle auch populäre Musik gespielt; beim ersten *Festival
de Música Popular Cubana* 1962 kam der Sonero Benny
Moré als Ehrengast, später traten kubanische Jazzgrößen
wie Chucho Valdés und Irakere hier auf. Heute ist der *Auditórium* Sitz der 1959 ins Leben gerufenen *Orquesta Sin-
fónica Nacional de Cuba* unter der Leitung des experimen-
tierfreudigen Gitarristen und Komponisten Leo Brouwer;
das Philharmonische Orchester hatte sich bereits 1958 auf-
gelöst.

Einen Kulturtempel ganz anderer Art erreichen wir, wenn
wir die Avenida de los Presidentes fünf Häuserblocks hinaufgehen und an der Calle 17 links abbiegen: An der Kreuzung Calle 17 und Calle H steht das prächtige Stadtpalais,

in dem die **Unión de Escritores y Artistas de Cuba (UNEAC)** untergebracht ist – der kubanische Schriftsteller- und Künstler-
verband. Das 1920 errichtete, von tropischen Bäumen und
einem üppigen Garten umgebene Herrschaftshaus hatte
dem Multimillionär Juan Gelats gehört, der vor der Revolution verschiedene Aufsichtsratsposten bekleidete und
eine Bank besaß, die auch mit dem Vatikan Geschäfte ab-
wickelte. Die Immobilie mußte allerdings nicht enteignet
werden: Als Gelats Konkurs erlitt, erhängte er sich 1959
in den eigenen Räumen. Nach der Gründung der UNEAC
im August 1961 zogen die Schriftsteller und Künstler ein.
Den Vorsitz übernahm – fünfzehn Jahre lang – der Dichter
Nicolás Guillén, die ersten Vizepräsidenten waren die Tänzerin Alicia Alonso, die Maler René Portocarrero und Mariano Rodríguez sowie die Schriftsteller Alejo Carpentier
und José Lezama Lima – zu jener Zeit die künstlerische
Elite Kubas.
Heute gibt es hier öffentliche Buchpräsentationen, Lesungen, Kolloquien – und auf der großen Terrasse finden regelmäßig abendliche Konzerte statt, zu denen herausragende
Vertreter der unterschiedlichen Musikrichtungen eingeladen werden. Unter den dichtbelaubten Ästen sitzt – und
tanzt – allerdings nicht nur die kubanische Intelligenzija;
jedermann hat Zutritt, wenn der Gesellschaftsclub *Hurón
Azul* samstags mit Boleros, mittwochs mit Rumba und jeden zweiten Donnerstag mit Jazz aufwartet. Klangvoll ist
auch die Speise- und Getränkekarte des Restaurants. Sie of-
feriert Gerichte wie das »Glasmosaik aus tropischen Früchten« (in Anspielung auf Amélia Pérez) oder ein Fischfilet
»Vigía« (Ernest Hemingway), Cocktails wie »Der Dschun-
gel« (Wifredo Lam) oder »Das Reich von dieser Welt«
(Alejo Carpentier).
Hinter der tropisch-informellen Kulisse agiert die UNEAC
jedoch als strenge Wächterin der Revolution. In *Der Rui-*

nenwächter von Havanna schildert der Schriftsteller Antonio José Ponte, wie er nach einer Auslandsreise 2003 plötzlich in Ungnade fiel: »Wenige Tage später informierten mich auf der Terrasse des Schriftstellerverbandes zwei Funktionäre über meine Vertreibung aus der gebildeten Stadt. Fortan könne keine meiner Arbeiten in Zeitschriften und Verlagen des Landes erscheinen, jede öffentliche Präsentation würde verhindert, und da man meine Bewegungen im Ausland nicht kontrollieren könne, hätte ich von keiner Institution Hilfe bei Ausreiseformalitäten zu erwarten. Man ließ mich im bürokratischen Labyrinth allein.« Die Situation ist kafkaesk: Zwar wird Ponte das Recht eingeräumt, gegen diese Sanktionen schriftlich Einspruch einzulegen, die aber sind ihm nur mündlich mitgeteilt worden. »Es hatte den Anschein, als ob die Institution ihre Archive schon jetzt weißwusch … Meine Zeit als Gespenst begann ohne Beweis.« Als Ponte daraufhin erfährt, daß sein Telefon abgehört und er bespitzelt wird, beschließt er, die »Ruinen von Havanna« endgültig zu verlassen, und geht ins Exil nach Spanien.

Auch der chilenische Dichter Pablo Neruda hatte den Druck des kubanischen Künstler- und Schriftstellerverbands schmerzlich zu spüren bekommen. Zunächst begann die Geschichte harmlos: Neruda und seine Frau Matilde Urrutia reisten an Bord des italienischen Postschiffs *Enrique Dandolo* nach Havanna, wo sie – eingeladen von der kubanischen Regierung und der Zeitung *Revolución* – am 5. Dezember 1960 vom Bildungsminister empfangen wurden. Kurz zuvor war Nerudas Gedicht *Heldenepos* erschienen: eine Hymne auf die kubanischen Revolutionäre um Fidel Castro, allerdings mit einer versteckten Warnung vor dem Personenkult. Den *Máximo Líder* hatte Neruda bereits »zwei Wochen nach seinem siegreichen Einzug in Habana« persönlich kennengelernt, und zwar in der kubanischen

Botschaft in Caracas. In Havanna begegnete er nun Che Guevara; der frischgebackene Präsident der Nationalbank empfing ihn um ein Uhr morgens im Ministerium für Wirtschaft und Finanzen: »Che trug Stiefel, Felduniform und Pistolen im Gürtel. Sein Aufzug paßte nicht zur Bankluft des Büros«, schreibt Neruda in seinen Memoiren *Ich bekenne, ich habe gelebt*. Am 14. Dezember hielt Neruda, begeistert von der noch jungen Revolution, eine Lesung im *Museo de Bellas Artes*. Das bei freiem Eintritt zahlreich erschienene Publikum machte ihm den Hof, der nicht ganz uneitle Dichter war vollauf zufrieden.

Daß er 1962 – auf Einladung des PEN-Clubs – ins »Feindesland« nach New York reiste, zu einer Zeit, da die USA eine Wirtschaftsblockade gegen Kuba verhängt hatten, nahmen ihm die kubanischen Schriftsteller jedoch mehr als übel. In einem offenen Brief der UNEAC, den die meisten Schriftsteller und Intellektuellen unterschrieben, wurde Neruda als »konterrevolutionär« bezeichnet und des Verrats bezichtigt. Dahinter stand nicht zuletzt der heftig ausgetragene Streit über die Konzeption des revolutionären Kampfes: Während Kuba damals die Guerilla als strategisches Prinzip begriff, galt sie der Sowjetunion (und den von ihr beeinflußten kommunistischen Parteien Lateinamerikas) nur als eine taktische Komponente, die dem politischen Kampf der Partei untergeordnet sein sollte. Neruda wurde also auch als Mitglied der chilenischen KP angegriffen. Noch in seinen Memoiren zeigt der Dichter darüber seine Verbitterung: »Ich muß sagen, daß sie sich zu Schulmeistern der Revolutionen aufwarfen, zu Paukern der Normen, welche die Schriftsteller der Linken lenken sollten. Mit Anmaßung, Unverschämtheit und Genüßlichkeit glaubten sie, meine poetische, soziale und revolutionäre Tätigkeit korrigieren zu müssen.« Einer der Initiatoren des Briefs war der Dichter Roberto Fernández Retamar (seit 1986 Direktor der *Casa de las Américas*); über ihn urteilt Neruda: »In Havanna und in Paris verfolgte er mich eifrig mit seinen Schmeicheleien. Er sagte mir, er habe endlose Einführungen und Lobeshymnen über mein Werk veröffentlicht. Ich hingegen habe in ihm nie einen wertvollen Menschen gesehen, sondern einen unter vielen politischen und literarischen Emporkömmlingen unserer Epoche.«

Bis heute ist der Literaturbetrieb in Kuba hochgradig politisiert, linientreue und exilierte Schriftsteller liefern sich zornige Wortgefechte. Opportunismus, staatliche Gängelung, Wut, Rebellion, Resignation und Exil sind allerdings Themen, die sich auch in den Werken jener Autoren niederschlagen, die zwar auf der Insel geblieben sind, ihre Bücher jedoch nur im Ausland veröffentlichen dürfen. Ein Beispiel dafür ist Pedro Juan Gutiérrez, der in seinen kruden Romanen kaum ein Blatt vor den Mund nimmt: »Wenn es um uns herum an Freiheit mangelt, ist es unmöglich, exquisite Texte zu formulieren. Ich schreibe, um andere ein bisschen aufzuschrecken und zu zwingen, die Scheiße zu riechen.«

All diesem Trubel entzog sich die Lyrikerin Dulce María Loynaz (1902-1997) durch vornehmes Schweigen; ihr inneres Exil – einen veritablen Palast an der Kreuzung Calle 19 und Calle E – hat sie jahrzehntelang nicht verlassen. Dorthin soll uns ein kurzer Gang im Zickzack führen (siehe Plan). So spazieren wir streckenweise durch einen Tunnel aus Brotfrucht- und Flammenbäumen, der vor Sonne oder Regen schützt; die Straßen künden von der großzügig konzipierten Anlage des grünen Stadtteils, die im Kern noch erhalten ist: 1859 hatte der Urbanist Luis de Iboleón für die Bebauung von Vedado einen Entwurf vorgelegt, der quadratische Häuserblocks, eine Vorgartenbreite von fünf Metern sowie üppig bemessene, in Gehweg und Grünfläche unterteilte Bürgersteige vorsah. Der typische Block war in zwölf schmale, tiefreichende Parzellen unterteilt, die Eckhäuser durften größer ausfallen. »Die Wohlhabenden«, schreibt Alejo Carpentier in seinem Roman *Le Sacre du printemps*, »waren besessen von der Vorstellung Palast oder Palästchen, wenn nicht gar königlicher Prunkbau, und dabei dachten sie an Akanthus und Voluten, Karyatiden und Bandverzierungen.«

Die Residenz von Dulce María Loynaz, heute der **Centro Cultural Dulce María Loynaz,** ist dafür ein Paradebeispiel. Und standesgemäß ist sie auch: Loynaz entstammte einer bedeutenden Adelsfamilie, der Vater war ein General des Unabhängigkeitskriegs gegen Spanien, Freund José Martís und Schöpfer der Hymne der Aufständischen, die Mutter gehörte zu den reichsten Damen Kubas. Heute beherbergt das herrschaftliche Gebäude die kubanische Sprachakademie, eine Abteilung des *Instituto Cubano del Libro* (siehe Zweiter Spaziergang), die öffentliche Bibliothek *José Chacón y Calvo* sowie ein der Dichterin gewidmetes Museum.

Was jedoch nur wenige wissen: Dulce María Loynaz bewohnte, nachdem sie mit ihrer Familie in den zwanziger Jahren von Centro Habana nach Vedado gezogen war, zunächst einen anderen – inzwischen abgerissenen – Palast. Der stand in der Nähe der Küste (an der Straßenkreuzung Línea und 14) und war von einem großen verwilderten Garten umgeben. Die Dichterin erinnert sich: »Dort wuchsen Begonien, Jasmine, Strandnelken, violette Dahlien, Herzkirschen und mächtige Bäume; es gab gemütliche Bänke, Marmorstatuen, Zierfischbecken, weiße Pfauen und Kakadus, Kubaflamingos und Affen aus dem venezolanischen Urwald.« Diese herrliche Anlage läßt Loynaz in ihrem einzigen, 1928 begonnenen und erst 1951 veröffentlichten lyrischen Roman wiederauferstehen. Den Titel *El Jardín* (»Der Garten«) trägt er nicht zufällig; Loynaz verarbeitet darin ihre wohlbehütete Kindheit und Jugend, die einem Dornröschenschlaf glich – aus dem sich nun die Protagonistin des Romans zu befreien versucht, letztlich aber im paradiesisch-bedrohlichen Gestrüpp gefangen bleibt.

Von jenem Anwesen der Loynaz ließ sich auch Federico García Lorca beeindrucken; während seines dreimonatigen Kubaaufenthalts 1930 besuchte er fast täglich das – wie er es nannte – »verwunschene Haus« der Familie. »Er kam zum Mittagessen, weil er erst gegen Mittag aufstand«, erinnert sich Loynaz, »dann verbrachte er den Nachmittag im Haus, setzte sich ans Klavier, sang, schrieb oder spielte mit den Hunden.« Befreundet hatte sich der andalusische Dichter allerdings mit ihren Geschwistern Flor und Carlos Manuel, das Verhältnis zu Dulce María blieb distanziert. »Federico war das genaue Gegenteil zu meiner Person. Wir paßten nicht zueinander. Er war ein Bohemien, liebte die Unordnung, während ich selbst die Ordnung verkörpere.«

Flor dagegen, der Lorca sein Manuskript des Theaterstücks *Yerma* vermachte, brach mit allen gesellschaftlichen Regeln. Sie war die erste Frau in Kuba, die einen europäischen Wagen fuhr und sich die Haare vom Kopf rasierte. Sie betrat auch die Bars der Altstadt – eine Männerdomäne – und kämpfte zusammen mit ihrem Bruder Enrique gegen die Diktatur Machados. Die Liebe zur Literatur jedoch teilten alle der vier dichtenden Geschwister. Legendär war der literarische Salon, der seit Ende der zwanziger Jahre jeden Donnerstag um fünf Uhr nachmittags im Hause der Loynaz stattfand und nahezu alle kubanischen Autoren und Künstler von Rang versammelte – einschließlich Alejo Carpentier, der die extravaganten Geschwister später etwas übertrieben in seinem Roman *Explosion in der Kathedrale* porträtierte (siehe Zweiter Spaziergang). Zu den ausländischen Gästen gehörten außer Lorca der litauische Maler Adja Yunkers und der spanische Dichter Juan Ramón Jiménez, der 1956 den Literaturnobelpreis erhalten sollte.

Juan Ramón Jiménez (1881-1958) kam zusammen mit seiner Frau Zenobia Campurí im November 1936 nach Kuba; beide hatten – nach Ausbruch des Spanischen Bürgerkriegs – ihrer Heimat den Rücken gekehrt. In Havanna, der ersten Station ihres Exils, blieben sie zunächst fünf Monate, Jiménez hielt Lesungen, Vorträge, schrieb für Literaturzeitschriften und stellte ein Festival kubanischer Poesie auf die Beine. Viel Zeit verbrachte das Ehepaar im Hause Loynaz, der Dichter blieb Dulce María in denkwürdiger Erinnerung: »Er hatte einen goldenen Charakter, sah traurig aus, war in Gedanken versunken und wortkarg. Er war kein symphatischer Mann, und das wollte er auch nicht sein. Offenbar hatten ihm Bürgerkrieg und Exil stark zugesetzt.« Für die Gastfreundschaft revanchierte sich Jiménez, indem er Gedichte von Enrique und Dulce María in seine Anthologie *La poesía cubana en 1936* aufnahm, dort beschreibt er die Lyrikerin als »anmutige, mit feiner femininer Linie geschnitzte Elfenbeinfigur in einer Mischung aus Gotik und Surrealismus«.

Mit diesen Worten läßt sich wohl auch ihr schmales dichterisches Werk charakterisieren. Bis 1947 veröffentlichte Loynaz zwei Bände ihrer feinsinnigen, intimistischen Lyrik; danach publizierte sie – abgesehen von ihrem Roman, der Reisebeschreibung *Un verano en Tenerife* (1958) und vereinzelten Zeitschriftenartikeln – bis 1991 keine einzige Verszeile mehr. »Die Revolutionsjahre«, sagte sie einer spanischen Zeitung, »waren wie eine Unterbrechung.« Loynaz hatte sich nach dem Sieg der Revolution, mit der sie sich nie anfreunden mochte, vollkommen in ihren Wohnpalast an der Kreuzung Calle 19 und Calle E zurückgezogen, wo sie seit den vierziger Jahren lebte. Ihren Ehemann ließ sie ins Exil ziehen, sie aber blieb Havanna treu, war ab 1959 Präsidentin der – nicht gerade einflußreichen – kubanischen Sprachakademie und feilte akribisch an ihrer Lyrik: »Beim Ausmerzen überflüssiger Wörter kam es durchaus vor, daß plötzlich ein ganzes Gedicht verschwand.« Die große Würdigung kam erst spät: 1987 erhielt Loynaz den *Premio Nacional de Literatura*, 1992 folgte die höchste Auszeichnung für spanischsprachige Literatur, der *Premio Cervantes*. Den Preis durfte die neunzigjährige, inzwischen fast erblindete, dafür aber literarisch geadelte Dichterin aus den Händen des spanischen Königs entgegennehmen. Fünf Jahre später starb sie in ihrem Herrschaftshaus in Vedado; das Museum im *Centro Cultural Dulce María Loynaz* zeigt heute kostbare Antiquitäten einer vergangenen Epoche.

Über die **Avenida del Paseo** verlassen wir Vedado gen Süden. Wie die Avenida de los Presidentes folgt auch diese breite Allee einem Entwurf Forestiers, der Havanna am liebsten in einen ausgedehnten Garten verwandelt hätte. Nach elf Häuserblocks endet sie auf der **Plaza de la Revolución**.

Der gigantische Platz wurde zwischen 1953 und 1958 als Bürgerforum und Regierungszentrum angelegt, damals hieß er Plaza Cívica. Diktator Batista hatte die Bauarbeiten persönlich vorangetrieben, um sich hier ein Monument seiner Allmacht errichten zu lassen. Auf einem künstlichen Hügel sollte zum 60. Todestag José Martís (1955) eine achtzehn Meter hohe Marmorskulptur entstehen, die den Dichter und Nationalhelden in nachdenklicher Pose zeigt, gleichzeitig begann man mit dem Bau eines hundertzwölf Meter hohen Obelisken; beide Denkmäler sind jedoch erst 1958 fertiggestellt worden. Wer die fünfhundertsiebzig Stufen des Obelisken hinaufsteigt (oder den schnelleren Aufzug nimmt), sieht an klaren Tagen bis zu sechzig Kilometer weit. Aber bereits vom Sockel aus überblickt man die Altstadt und den Industriehafen in der Ferne.

Fünfhundertsiebzig Stufen bis zur Aussichtsgalerie: Der Obelisk von 1958 ist dem Nationaldichter und Freiheitshelden José Martí gewidmet.

Die räumliche Maßlosigkeit des fast baumlosen Areals ist nach dem Sturz Batistas unverändert geblieben, die Revolutionsregierung nutzt es bis heute als Pilgerstätte für Massenveranstaltungen. So dient der sieben Hektar große graue Platz für die jährlichen Aufmärsche zum 1. Mai, zu den Siegesfeierlichkeiten der Revolution am 1. Januar und zum Geburtstag Martís am 28. Januar. Hier übrigens verkündete Fidel Castro am 2. September 1960 vor mehreren hunderttausend Menschen die »Erste Deklaration von Havanna«, die er durch Akklamation der Menge bestätigen ließ. Neben nationalen Belangen wie einer Landreform, dem Recht auf Bildung, Arbeit und Krankenversorgung verteidigte Castro darin das »Recht unterdrückter Länder, für die Unabhängigkeit zu kämpfen«. Somit schickte Kuba sich an, nicht nur den Zucker, sondern auch sein revolutionäres Modell zu exportieren.

Hinter dem Obelisken, im **Palacio de la Revolución,** liegt die Schaltzentrale der politischen Macht. Ein Vorbild für das bogenförmige, eigentlich als Justizpalast gedachte Gebäude (1957) war der Trocadéro in Paris. Hier sitzt das Zentralkomitee der Kommunistischen Partei. Im dritten Stock des rückwärtigen Mittelteils hatte Fidel Castro bis zum Juli 2006 (dem krankheitsbedingten Rücktritt von allen Staatsämtern) sein Büro. »An der hinteren Wand steht ein riesiges Bücherregal, davor ein langer, massiver Arbeitstisch, übersät mit Büchern und Dokumenten. Alles sehr ordentlich«, notiert der Journalist und Autor Ignacio Ramonet. Den *Comandante en Jefe* traf er hier in den Jahren 2003 und 2005, aus »hundert Stunden« während Gesprächen ist die Biographie *Fidel Castro. Mein Leben* (2008) entstanden. Neben Büsten von José Martí, Simón Bolívar, Abraham Lincoln und einer Skulptur des Don Quijote erwähnt Ramonet noch ein weiteres Detail im Arbeitszimmer: »ein signiertes Foto von Hemingway mit einem riesigen Schwertfisch (›Für Dr. Fidel Castro, auf dass er einen solchen in den Gewässern von Cojímar fange. In tiefer Freundschaft, Ernest Hemingway‹).«

Stellen wir uns auf die marmorne Rednertribüne vor dem Martí-Denkmal, so sehen wir rechts das höchste Gebäude am Platz. Ursprünglich als Sitz der Stadtverwaltung geplant, wurde es nach seiner Fertigstellung 1969 aber vom **Ministerium der Streitkräfte** bezogen. Im obersten Stockwerk, hinter dem starren Sonnenschutzsystem an der Fassade, hatte Raúl Castro sein Büro. Bevor er im März 2008 die Staatsgeschäfte vom älteren Bruder übernahm, war er der dienstälteste Verteidigungsminister der Welt.

Auf der linken Seite des Platzes steht der moderne **Teatro Nacional** (1960) mit einer gänzlich verglasten konvexen Fassade; uns direkt gegenüber das Gebäude des **Innenministeriums** (1953). Vor der Revolution saß darin der Rechnungshof, am Block für die Aufzüge an der Fassade prangt seit 1993 eine sechsunddreißig Meter hohe Skulptur aus Metall, die ein Porträt Che Guevaras zeigt. Der Bildhauer Enrique Ávila hat es dem berühmten Foto von Alberto Korda entlehnt, welcher im März 1960 – während der Trauerfeier für die Opfer des Anschlags auf den belgischen Frachter *La Coubre* – beiläufig auf den Auslöser drückte und Che mit Baskenmütze und ernster Miene festhielt. Publiziert wurde das Bild jedoch erst sieben Jahre später, kurz nach dem Tod des argentinischen Revolutionärs. Seitdem ist es die bekannteste Ikone des Che; weltweit ziert sie T-Shirts und Kaffeebecher, in Kuba sogar die Drei-Peso-Geldscheine – Guevara war von 1959 bis 1961 Präsident der Nationalbank.

Rechts vom Innenministerium befindet sich das **Ministerium für Fernmeldewesen und Informatik** (1954). Philatelisten dürfen sich freuen: Ein Postmuseum im Inneren präsentiert in Form von Briefmarken die Geschichte Kubas von der

Kolonialzeit bis zum Zusammenbruch des Ostblocks. Vor der Fassade ist eine – ebenfalls von Ávila geschaffene – Skulptur von Camilo Cienfuegos zu sehen, die erst am 28. Oktober 2009, dem fünfzigsten Todestag des Revolutionshelden, angebracht wurde. Der bärtige *Comandante* mit seinem breitkrempigen Hut gehörte wie Che Guevara zu Castros Mitkämpfern der ersten Stunde und war außerordentlich populär. Am 2. Januar 1959 nahm er mit seiner Rebellenschar das Hauptquartier von Batistas Armee in Havanna ein, zehn Monate später starb er bei einem Flugzeugabsturz über dem Meer. Seine Leiche sowie die kleine Cessna, die Cienfuegos selbst gesteuert hatte, wurden allerdings nie gefunden.

Rechts neben dem Ministeriumsgebäude, auf der anderen Straßenseite, erhebt sich die monumentale **Biblioteca Nacional José Martí** (1957). Ein Portikus führt in eine marmorne Eingangshalle, von dort geht es zu den Lesesälen im hinteren Teil des Gebäudes. Das im Turm untergebrachte Magazin besitzt eine Kapazität von 1,25 Millionen Bänden; offizielle Zahlen zum tatsächlichen Bestand gibt es jedoch nicht.

In den ersten Revolutionsjahren erhielten hier Schriftsteller wie Eliseo Diego und Cintio Vitier eine Anstellung, unter der rührigen Direktorin Teresa Freyre schrieb die Bibliothek sogar literarische Wettbewerbe aus. Im Jahr 1963 gewann ihn Reinaldo Arenas; dazu bekam er eine Aushilfsstelle als Bibliothekar und fand neben der Arbeit noch Muße, seinen ersten Roman, *Celestino vor dem Morgenrot* (1967), niederzuschreiben – sein einziges in Kuba veröffentlichtes Werk. »Ich fing erst um eins an, doch ich kam schon um acht Uhr früh, um den leeren Lesesaal zu nutzen und zu schreiben ... Ich las fast alle Bücher, die in dieser riesigen Bibliothek die Regale füllten.« Seine Gier nach Lektüre wurde nur noch von seiner Schreibwut übertroffen.

»Bis zum immerwährenden Sieg«: die Ikone des Che am Innenministerium.

Das Manuskript für den zweiten Roman, *Wahnwitzige Welten*, konnte Arenas 1966 gerade noch fristgerecht für einen von der UNEAC ausgelobten Preis einreichen: »Bei acht Stunden Arbeit in der Bibliothek blieb mir kaum Zeit; ich schloß mich in mein Zimmer ein und schrieb immer dreißig oder vierzig Seiten hintereinander weg.«

Doch mit der Schaffensfreude und künstlerischen Freiheit sollte es bald vorbei sein. Bereits am 30. Juni 1961 hatte sich Fidel Castro im Theater der Nationalbibliothek zu einem Gespräch mit Intellektuellen getroffen, die gegen Zensurmaßnahmen protestierten. Dort steckte Castro rhetorisch geschickt die Grenzen der Kulturpolitik ab: »Innerhalb der Revolution alles; gegen die Revolution nichts.« Erstes prominentes Opfer dieses Diktums wurde der auch international bekannte Dichter Heberto Padilla. Sein Gedichtband *Außerhalb des Spiels* erhielt 1968 zwar noch den

Lyrikpreis der UNEAC (in der unabhängigen Jury saß José Lezama Lima), gleichzeitig aber wurde er vom Präsidenten Nicolás Guillén als ein »trojanisches Pferd« des Imperialismus bezeichnet. Padilla hatte sich erlaubt, kritisch über die Stellung des Dichters nachzudenken: »Den Poeten – werft ihn hinaus! / Der hat hier nichts zu suchen. / Er spielt nicht mit, / begeistert sich nicht. / Keiner versteht seine Botschaft. / Nicht einmal die Wunder repariert er. / Den Tag verbringt er grübelnd, / hat immer etwas einzuwenden.«

Die Verhaftung Padillas am 20. März 1971 kam deshalb nicht ganz unerwartet. Dennoch schockierte sie auch jene Intellektuellen, die bisher mit der Revolutionsregierung sympathisiert hatten. Einundsechzig Schriftsteller, darunter Mario Vargas Llosa, Julio Cortázar, Gabriel García Márquez, Jean-Paul Sartre und Hans Magnus Enzensberger, forderten in einem Brief an Fidel Castro die Freilassung Padillas. Doch die hatte ihren Preis: Ende April trat der Dichter in einem bizarren Schauprozeß vor die Öffentlichkeit und bezichtigte sich in einer »Selbstkritik« des Verrats an der Revolution. Über seine Verse sagte er: »Ich trug Ressentiment, Bitterkeit, Pessimismus in sie hinein; allesamt Symptome für die Konterrevolution in der Literatur.«

Die »graue Periode« begann. Zwischen 1971 und 1976 artete sie in eine regelrechte Hexenjagd aus: Unbequeme Schriftsteller, junge Musiker, Künstler oder Theaterregisseure wurden verfolgt, inhaftiert, in Umerziehungslagern interniert oder auf bürokratische Posten abgeschoben. Schon wer lange Haare trug, Jazz oder die Musik der Beatles hörte, galt als subversiv. Verantwortlich für die Repression war Luis Pavón, damals Vorsitzender des Nationalen Kulturrates. Die Intellektuellen forderte er auf, sich als »Soldaten der Revolution« zu betätigen. Pavón, der seine politische Karriere als Chefredakteur des *Verde Olivo*

(»Olivgrün«) betitelten Organs der Streitkräfte begonnen hatte, trachtete auch nach kultureller Uniformität.

Erst in den achtziger Jahren hat man die Verirrungen der stalinistischen Kulturpolitik öffentlich eingeräumt, einige ihrer Opfer wurden rehabilitiert. Jene Zeit ist jedoch bis heute nicht aufgearbeitet worden, eine umfassende kulturpolitische Öffnung steht ebenfalls aus. Für viele Schriftsteller gilt daher, was Jorge Edwards schon zu Beginn der »grauen Periode« beobachtete: »Meine Freunde ... zogen sich, statt Bücher für die Gegenwart oder die Zukunft zu schreiben, in den Schmollwinkel zurück und saßen in ihren baufälligen Zimmern zwischen alten, ausgeleierten Maschinen und kaputten Lampen.«

Neunter Spaziergang

Zu Besuch bei Ernest Hemingway auf der *Finca Vigía*

»Das Haus stand auf der höchsten Stelle«, heißt es im ersten Teil von *Inseln im Strom*, »es war stark gebaut wie ein Schiff, und es hatte drei Hurrikans überstanden.« Obwohl Hemingway hier das Haus seines Alter egos Thomas Hudson auf den Bimini-Inseln beschreibt, hatte er doch seinen Wohnsitz bei Havanna vor Augen: die *Finca Vigía* in San Francisco de Paula.

Martha Gellhorn, mit der Hemingway damals zusammenlebte, entdeckte das ländliche, auf einem Hügel gelegene Anwesen im April 1939. Zwar war es fünfzehn Kilometer südöstlich vom Zentrum Havannas und dem *Floridita* entfernt, doch Hemingway ließ sich überzeugen: Für die Fertigstellung seines Romans *Wem die Stunde schlägt* brauchte er Ruhe, von der Villa aus konnte er die Stadt sehen, und die Küste, wo seine Motoryacht lag, erreichte er in einer Dreiviertelstunde mit dem Auto.

»Der Golfstrom und die anderen großen Meeresströmungen«, schrieb Hemingway einmal, »sind die letzte Wildnis, die es gibt.« Von dieser fühlte sich der passionierte Jäger und Sportfischer besonders angezogen, aus diesem Grund kam er seit 1932 immer wieder nach Havanna. Sieben Jahre lang hatte er sporadisch im *Hotel Ambos Mundos* logiert, von dort zog er zum Schwertfischfang aus; nun wollte er sich endgültig in Kuba niederlassen.

Die *Finca Vigía* bezog Hemingway zunächst als Mieter; erst im Dezember 1940, nach seiner Hochzeit mit Martha Gellhorn und der Veröffentlichung von *Wem die Stunde schlägt*, kaufte er das vier Hektar große Anwesen für 18 500 Dollar – die Summe bestritt er aus dem Verkauf der Filmrechte für seinen Roman. Seine Frau indessen war das Leben auf der Finca bald leid: Vor den ständigen Besuchern, Trinkgelagen, Boots- und Angelpartien, aber auch vor Hemingways Grobschlächtigkeit und seinen über fünfzig Katzen flüchtete Gellhorn als Reporterin zu den Kriegsschauplätzen in Europa. Als die Ehe der beiden – seine dritte – im Dezember 1945 schließlich geschieden wurde, behielt Hemingway das Haus. Und im März 1946 heiratete er in Havanna die Journalistin Mary Welsh, die er in London kennengelernt hatte.

»Wir sind hier zu Hause, und man läuft von zu Hause nicht weg, man verteidigt es«, schreibt der ruhelose Schriftsteller 1956 in seinem Artikel *Lagebericht*. Die *Finca Vigía* lobte er wegen der nächtlichen Frische, hier arbeitete er von frühmorgens bis mittags, anschließend ging er zum Swimmingpool, wo er seine täglichen Bahnen zog und sich dort an der Bar die ersten Drinks genehmigte. Zusammen mit Mary fuhr er ins *Floridita* oder ins Kino, sah sich Baseballspiele an oder besuchte Hahnenkämpfe unten im Dorf; im Garten der Finca betrieb er eine eigene Kampfhahnzucht. Nicht zuletzt blieben die Ausflüge zu Wasser: »Um das Einerlei der Arbeit zu unterbrechen, gehen wir im Frühling, in den Sommermonaten und im Herbst im Golfstrom fischen.«

Die *Finca Vigía* war der einzige feste Wohnsitz, den Hemingway zeitlebens besaß; hier verbrachte er mit Unterbrechungen einundzwanzig Jahre, hierher kehrte er von seinen langen Reisen nach Europa, Amerika, Afrika und Asien immer wieder zurück. Auch ein Großteil seines literarischen Werks ist auf der Finca entstanden. *Wem die Stunde schlägt* war sein erster, fast vollständig in Kuba geschriebener Roman; danach beendete er *Über den Fluß und in die Wälder*, entwarf *Inseln im Strom*, schrieb *Der alte Mann und das Meer* sowie den größten Teil von *Paris – ein Fest fürs Leben*; er begann den unvollendeten Roman *Der Garten Eden* und schaffte es mit letzter Kraft, das Manuskript von *Gefährlicher Sommer* fertigzustellen.

Ihrem Mann war Mary Welsh dabei die wichtigste Stütze; allerdings stellte sie den eigenen Beruf zurück und widmete sich ganz dem zerbrechlichen Ego »Papa« Hemingways. Der himmelte auch andere, jüngere Frauen an, auf der *Finca Vigía* waren Hollywoodstar Ava Gardner und die venezianische Gräfin Adriana Ivancich wiederholt zu Gast. Die Freundschaft zu beiden hätte Hemingway gerne in eine Liaison münden lassen, Ehekonflikte blieben deshalb nicht aus. Dennoch brachte Hemingway seiner Frau mehr als nur Respekt entgegen: »Miss Mary ist ausdauernd. Sie ist auch mutig, charmant, witzig, reizend anzusehen und eine gute Frau. Es ist schön, mit ihr zu leben. Sie ist auch ein ausgezeichneter Fischer, ein ziemlich guter Flugwildschütze, eine glänzende Schwimmerin und eine wirklich gute Köchin ... Wenn sie verreist ist, ist die Finca so leer wie die leerste Flasche, die sie je hat wegtragen lassen, und ich lebe in einem Vakuum.« Damit er ungestört arbeiten konnte, ließ Mary Welsh ihrem Mann 1947 einen dreistöckigen Turm errichten: Das Erdgeschoß war für die Katzen reserviert, im mittleren Stockwerk stellte der Jäger und Fischer seine Ausrüstung unter, im Obergeschoß konnte der Schriftsteller die Aussicht von seinem Arbeitszimmer genießen – das er allerdings selten benutzte, weil er meist unten im Haus schrieb.

Die weiße, luftige Villa hatte sich ein katalanischer Architekt Ende des 19. Jahrhunderts gebaut, das hölzerne Nebengebäude für Gäste und Dienstpersonal fügte Hemingway hinzu. Den weitläufigen subtropischen Garten, der die Wohnanlage umgibt, ließ er verwildern; Kasuarinen, Kö-

»Man läuft von zu Hause nicht weg«: Hemingways einziger fester Wohnsitz.

nigspalmen, Avocado- und Mangobäume wünschte er unbeschnitten, den Kapokbaum, der am Hauseingang aufragt, soll der Schriftsteller vor dem Gärtner sogar mit dem Gewehr verteidigt haben.

Ein Gewehr – eine doppelläufige Schrotflinte – war es auch, mit dem Hemingway am 2. Juli 1961 seinem Leben ein Ende setzte. Die letzten anderthalb Jahre hatte er, von schweren Depressionen und einer Schreibhemmung geplagt, nicht mehr in Havanna verbracht, sondern in den USA: abwechselnd in Kliniken und in seinem – 1959 erworbenen – Landhaus in Idaho. Auf der *Finca Vigía* wollte Mary Welsh nach dem Tod ihres Mannes nicht mehr leben; das Anwesen übergab sie dem kubanischen Staat. Fidel Castro weihte es am 21. Juli 1962 – Hemingways 63. Geburtstag – als Museum ein.

Es ist ein seltsam lebendiger Ort, durch den eine ständige Brise geht. Zwar ist das Betreten der Zimmer verboten, doch wer die einstöckige Villa von außen umrundet und durch die offenen, niedrigen Fenster hineinschaut, bekommt das Gefühl, der Schriftsteller habe die Räume gerade erst verlassen und komme gleich zurück. Zwischen den Jagdtrophäen im Wohnzimmer steht noch das Grammophon mit einer Platte von Glenn Miller, auf einem Hocker liegen Zeitschriften und zur Lektüre bereitgelegte Bücher, während die kleine Bar zwischen den Sesseln auf abendliche Gäste zu warten scheint. Im Badezimmer ist der Duschvorhang nur halb zurückgezogen, an der Wand sind Hemingways krakelige Notate zu seinem Körpergewicht zu sehen, im Ankleideraum daneben seine Uniform aus dem Zweiten Weltkrieg mit der Aufschrift *War Correspondent*. An den Wänden findet man auch Erinnerungen an die Spanienaufenthalte, Radierungen, Stierkampfplakate oder andalusische Keramik, und die Regale für die neuntausend Bände umfassende Bibliothek reihen sich im ganzen Haus aneinander. Nur im Eßzimmer fehlen sie; statt dessen hängt hier eine Kopie von Mirós *Bauernhof*: Die wertvolle Gemäldesammlung, in der sich auch Bilder von Juan Gris, Paul Klee oder André Masson befanden, holte Mary Welsh aus Kuba fort, ebenso die meisten Briefe und persönlichen Dokumente ihres Mannes.

Zum Arbeiten zog sich Hemingway für gewöhnlich in zwei schmale, miteinander verbundene Zimmer zurück. In dem einen steht sein selten benutzter Schreibtisch, übersät mit Patronenhülsen, dahinter prangt das Haupt eines afrikanischen Rotbüffels; in dem anderen schrieb er – im Stehen. Seine Schreibmaschine plazierte Hemingway auf ein Bücherregal und stand, über sich eine Antilopentrophäe, mit dem Gesicht zur Wand. So konnte er, wie ein im Museumsarchiv verwahrtes Manuskriptfragment von *Wem die Stunde schlägt* erkennen läßt, jeden Tag bis zu fünfhundert

Wörter zustande bringen – etwa anderthalb Schreibma-
schinenseiten mit doppeltem Zeilenabstand.

Ungestörten Einblick ins Haus erhält jedoch nur, wer den
Touristengruppen entgeht, die hier vor allem vormittags
auf ihrer »Hemingway-Route« Station machen. Erst gegen Mittag fahren die Busse weiter nach Cojímar, in den
zehn Kilometer östlich von Havanna gelegenen kleinen Fi-
scherort, wo Hemingway seine Yacht *Pilar* vertäut hatte.
Dort befindet sich das – inzwischen für Touristen aufge-
möbelte – Restaurant *La Terraza*, in dem auch der Schriftsteller einkehrte. Wenn er vom Angeln kam, setzte er sich
mit den Fischern an die Bar, lud sie zu Rum und Bier ein,
teilte mit ihnen Geschichten und seinen Fang; außerdem
verschaffte er ihnen während der Verfilmung von *Der alte
Mann und das Meer* Arbeit. Aus Dankbarkeit errichteten
die Fischer Hemingway im Ort eine Bronzebüste, die sie
selbst bezahlten – das weltweit erste Denkmal nach dem
Tod des Schriftstellers.

Um die *Pilar* zu sehen, braucht man allerdings nicht nach
Cojímar zu fahren; sie ist neben dem Swimmingpool im
Garten der *Finca Vigía* ausgestellt. Die Motoryacht hatte
sich Hemingway 1934 aus amerikanischem Eichenholz
bauen lassen, neben dem *Floridita* und der Finca war sie
sein bevorzugter Aufenthaltsort in Kuba. Nicht zuletzt wegen der »Äthylischen Abteilung«, die sie besaß: Gregorio
Fernández, seit 1938 Bootsmann und Barkeeper zugleich,
servierte dem Schriftsteller und seinen Gästen auf See italienischen Wein, Rum, Gin Tonic, Whisky Soda oder unge-
zuckerte Daiquirís. Im Frühjahr 1942 holte sich Hemingway von der amerikanischen Marine sogar ein Kaperpatent:
Zwei Jahre lang kreuzte er auf der *Pilar* mit einer bunt zu-
sammengewürfelten Mannschaft – der »Gaunerfabrik« –
regelmäßig durch die kubanischen Küstengewässer und
hielt Ausschau nach deutschen U-Booten. Erfolg war die-

ser Jagd allerdings nur in seinem Roman *Inseln im Strom* beschieden; in Wirklichkeit kehrte Hemingway nach jeder Expedition unverrichteter Dinge und einigermaßen betrunken an Land zurück.

Beim Schwertfischfang hatte er mehr Glück. Im zweiten Stock des Turms sind heute diverse Hochseeangeln, Köder und Haken sowie Fotos von Hemingway in Siegerpose mit Trophäen zu bewundern – daneben die Nobelpreis-Urkunde, die der Schriftsteller 1954 für *Der alte Mann und das Meer* erhielt. Weitere Fotos zeigen die erste – und einzige – Begegnung des Schriftstellers mit Fidel Castro: Am 15. Mai 1960 gewann der *Comandante en Jefe* das jährliche, seit 1950 nach Hemingway benannte internationale Preisfischen und bekam den Pokal vom Autor persönlich überreicht. Wiederholt hatte Castro Hemingway als einen seiner Lieblingsschriftsteller genannt, nun sah er in ihm auch einen Verbündeten der Revolution.

Tatsächlich verfolgte Hemingway die Revolution mit Sympathie, eine eindeutige öffentliche Stellungnahme von ihm ist jedoch nicht bekannt. Der Politik hielt er sich fern, in Havanna lebte er ohnehin in seiner eigenen Welt. Doch jedesmal, wenn sich Hemingway von seinem Luxushügel hinunter in die Stadt begab, mußte er die Elendssiedlungen durchqueren. Dabei meldete sich, wie er in *Inseln im Strom* schreibt, immerhin sein soziales Gewissen: »Das war jetzt das Stück der Straße, das er nicht mochte, wenn er in die Stadt fuhr, und dieses Stücks wegen nahm er sich immer den Drink mit. Er trank ihn gegen die Armut, gegen den Schmutz, gegen den Staub von vierhundert Jahren und die Rotznasen der Kinder, gegen die abgebrochenen Palmen am Straßenrand und die Dächer, die aus Konservenbüchsenblech zusammengenagelt waren, gegen das Elend der Syphilis, die nicht behandelt wurde, gegen den Unrat in alten Flußbetten und die Hühner, die so verlaust waren, daß sie keine Federn an den Hälsen hatten, gegen die Krätze am Genick der alten Männer und den Altweibergeruch und die brüllenden Radios. Es ist eine Schweinerei, was ich mache, dachte er. Ich sollte mir das alles einmal genau ansehen und etwas dagegen tun. Statt dessen hast du einen Drink bei dir, wie sie früher Riechsalz bei sich führten.«

Am Widerstand gegen die Batista-Diktatur nahm der Schriftsteller selber nicht teil. Er kaufte lediglich eine kleine Statue José Martís, deren Erlös der Untergrundorganisation Fidel Castros zufloß. Und als die Polizei die *Finca Vigía* nach einem flüchtigen Widerstandskämpfer durchsuchte, setzte sich Hemingway aus Protest vorübergehend nach Sun Valley in Idaho ab. Daß er auch mit den Schriftstellern und Künstlern Kubas nicht verkehrte, kann sich Leonardo Padura nur mit einiger Ironie erklären: »Zu viele berufsmäßige Trinker, zu viele französisch angehauchte Dilettanten, zu viele Verrückte, die sich für inspiriert hielten, bevölkerten den tropischen Inselparnass, auf dem es, wie auf jedem Parnass, mehr Feinde als Freunde gab, mehr Verleumder als Bewunderer, mehr missgünstige Neider als treue Kameraden, mehr Möchtegern-Schriftsteller als wirkliche Talente, mehr Opportunisten, Arschkriecher, Trittbrettfahrer und Blutsauger als Menschen, die sich auf ehrliche, schlichte Weise bemühten, Literatur hervorzubringen. Alles genauso wie in New York und Paris.«

Heute genießt in Kuba von allen Schriftstellern nur noch José Martí eine größere Verehrung als Hemingway. Nach dem Nobelpreisträger sind eine Buchhandlung im Zentrum sowie der luxuriöse Yachthafen *Marina Hemingway* im Westen Havannas benannt, Hemingway ist mit Skulpturen im *Floridita* und in Cojímar gewürdigt worden, neben der *Finca Vigía* erinnert das kleine Museum im *Hotel Ambos Mundos* an ihn, und zu seinen Ehren wird alljähr-

Bis zu fünfhundert Wörter am Tag konnte Ernest Hemingway auf seiner Schreibmaschine zustande bringen – stets im Stehen.

lich der internationale Hochseeangelwettbewerb *Torneo Hemingway* ausgetragen.

Als einziger kubanischer Schriftsteller hat es bisher nur Leonardo Padura gewagt, am Mythos des literarischen Übervaters zu kratzen. In seinem Roman *Adiós Hemingway* (2001) spült ein heftiger Tropenregen, der auf die *Finca Vigía* niedergeht, die Leiche eines FBI-Agenten unter der Erde hervor, der zwischen 1957 und 1960 mit zwei Gewehrschüssen getötet wurde. Die delikate Frage lautet nun: War Hemingway ein Mörder? Paduras desillusionierter Held Mario Conde, ein Ex-Polizeileutnant mit schriftstellerischen Ambitionen, übernimmt den Fall. Genüßlich entweiht er zunächst das Museum seines einstigen Idols, schlüpft in dessen alte Mokassins, geht durch die Zimmer, zündet sich eine Zigarette an und macht es sich im Sessel des Schriftstellers bequem. »Im Grunde hatte seine Verehrung für Hemingway schon viel früher einen Dämpfer erhalten, als sich das literarische Idol nach und nach als ein selbstgefälliger, gewalttätiger Mensch erwies ... Die Distanz zu Hemingway war gewachsen, als Mario klar wurde, dass der Schriftsteller auch nach zwanzig Jahren in Kuba keinen blassen Schimmer von der Insel hatte.«

Ausgerechnet ein schwarzes Spitzenhöschen von Ava Gardner, das Mario Conde im Ankleideraum Hemingways findet, führt schließlich auf eine heiße Spur.

Doch um uns nicht allzusehr in die Binnenwelt Hemingways, die Geschichten seiner möglichen oder unmöglichen Liebschaften zu verstricken, verlassen wir an dieser Stelle die *Finca Vigía* – und begeben uns mit Leonardo Padura zurück nach Havanna: »Man musste weder Polizist noch Privatdetektiv sein, nicht einmal Schriftsteller, um zu begreifen, dass es niemand auf diesen Straßen interessierte, ob Hemingway einen Mann, der darauf aus gewesen war, ihm das Leben zu versauen, umgebracht hatte oder nicht.

Das Leben und der Tod spielten sich woanders ab, viel zu weit weg von der Literatur und dem unwirklichen Frieden der Finca Vigía.«

Kulturadressen

Castillo de los Tres Reyes del Morro, Habana del Este, Carretera de La Cabaña, Mo. bis So. 9-20 Uhr, Tel. 863-7941

Castillo de San Carlos de La Cabaña, Habana del Este, Carretera de La Cabaña, Mo. bis So. 10-22 Uhr, Tel. 862-0617

Centro Cultural »Casa del Che en la Cabaña«, Habana del Este, Carretera de La Cabaña, Mo. bis So. 9-17 Uhr

Museo del Ron Havana Club, Av. del Puerto 262, Mo. bis So. 9.30-17.30 Uhr, Tel. 861-8051/862-4108

Casa Alejandro de Humboldt, Oficios 254 (Ecke Muralla), Di. bis Sa. 10-18 Uhr, So. 9-13 Uhr, Tel. 863-9850

Convento de San Francisco de Asís, Oficios (zw. Churraca und Amargura), Mo. bis So. 9.30-18.30 Uhr, Tel. 862-9683

Museo de la Ciudad, Tacón 1, Mo. bis So. 9.30-18.30 Uhr, Tel. 861-5001/861-2876

Museo de Arte Colonial, San Ignacio 61/ Plaza de la Catedral, Mi. bis Mo. 10-16 Uhr, So. 9-13 Uhr, Tel. 862-2440

Fundación Alejo Carpentier, Empedrado 215 (zw. Cuba und San Ignacio), Mo. bis So. 8.30-16.30 Uhr, Tel. 861-3667 oder 861-5506

Maqueta de la Habana Vieja, Mercaderes 114 (zw. Obispo und Obrapía), Mo. bis So. 9-18 Uhr, Tel. 866-4425

Casa de Obra Pía, Obrapía 158 (zw. Mercaderes und San Ignacio), Di. bis Sa. 10.30-17.30 Uhr, So. 9.13 Uhr, Tel. 861-3097

Museo Histórico de las Ciencias Carlos J. Finlay, Cuba 460 (zw. Amargura und Brasil), Mo. bis Fr. 8-17 Uhr, Sa. 9-15 Uhr, Tel. 863-4824

Convento de Santa Clara, Cuba (zw. Sol und Luz), Mo. bis Fr. 9-16 Uhr, Tel. 862-9683

Museo Casa Natal de José Martí, Leonor Pérez 314, Di. bis Sa. 9-17 Uhr, So. 9-13 Uhr, Tel. 861-3778

Gran Teatro de La Habana García Lorca, Prado 458 (zw. San José und San Rafael), Tel. 861-3096

Museo Nacional de Bellas Artes, Trocadero (zw. Zulueta und Monserrate), Di. bis Sa. 10-18 Uhr, So. 9-12 Uhr, Tel. 863-9484/ 861-0241

Museo de la Revolución/Memorial Granma, Refugio 1,
 Di. bis Sa. 10-18 Uhr, So. 10-13 Uhr, Tel. 862-4091
Museo Numismático, Obispo 305 (zw. Aguiar und Habana),
 Tel. 861-55811.
Asociación Cultural Yoruba de Cuba, Paseo del Prado 615
 (zw. Monte und Dragones), Tel. 863-5953
Casa de la Música »Habana«, Galiano (zw. Concordia und
 Neptuno), Live-Konzerte und Diskothek So. bis Mo. 17-21
 und 23-3 Uhr, Tel. 862-4165/860-8296
Casa Museo José Lezama Lima, Trocadero 162 (zw. Industria
 und Consulado), Tel. 863-41619
Callejón de Hammel (zw. Aramburu und Hospital). Konzerte:
 Rumba jeden Sonntagmittag, Boleros und traditionelle Musik
 jeden letzten Freitagabend im Monat
UNEAC (Künstler- und Schriftstellerverband), Calle 17 und H,
 Tel. 832-4152
Museo Ernest Hemingway Finca Vigía, San Francisco de Paula,
 Mo. bis Sa. 9-16 Uhr, So. 9-12.30 Uhr, Di. geschlossen,
 Tel. 891-0809

Bars

Two Brothers, San Pedro (Avenida del Puerto) 304 (Ecke Santa
 Clara)
El Templete, Avenida del Puerto 12 (Ecke Narciso López),
 Tel. 866-8807
Bodeguita del Medio, Empedrado 207 (zwischen San Ignacio
 und Cuba), Tel. 866-8857
Floridita, Obispo 557 (Ecke Monserrate), Tel. 867-1299/
 867-1300
La Lluvia de Oro, Obispo 316 (Ecke Cuba), Tel. 862-9870

Bibliographie

Alberti, Rafael: Obras Completas. Tomo I. Poesía 1920-1938. Aguilar, Madrid 1988

Arcocha, Juan: »El viaje de Sartre«, in: Jacobo Machover (1995), S. 231-239

Arenas, Reinaldo: Bevor es Nacht wird. Ein Leben in Havanna. Edition diá, Berlin 1996

Barnet, Miguel: Afrokubanische Kulte. Suhrkamp Verlag, Frankfurt a. M. 2000

Barroso, Miguel: Wiedersehen in Havanna. Claassen Verlag, München 2000

Beauvoir, Simone de: Der Lauf der Dinge. Rowohlt Taschenbuch Verlag, Reinbeck 1992

Brunngraber, Rudolf: Zucker aus Cuba. Roman eines Geldrausches. Rowohlt Taschenbuch Verlag, Reinbek 1954

Buch, Hans Christoph: Tod in Habana, Frankfurter Verlagsanstalt, Frankfurt a. M. 2007

Cabrera Infante, Guillermo: La Habana para un infante difunto. Editorial Seix Barral, Barcelona, Caracas, México 1979

Cabrera Infante, Guillermo: Drei traurige Tiger. Suhrkamp Taschenbuch Verlag, Frankfurt a. M. 1990

Cabrera Infante, Guillermo: Wie im Kriege also auch im Frieden. Suhrkamp Taschenbuch Verlag, Frankfurt a. M. 1996

Cardenal, Ernesto: In Kuba. Bericht von einer Reise. Peter Hammer Verlag, Wuppertal 1972

Carpentier, Alejo: Mein Havanna. Ammann Verlag, Zürich 2000

Carpentier, Alejo: Explosion in der Kathedrale. Suhrkamp Taschenbuch Verlag, Frankfurt a. M. 1999

Carpentier, Alejo: Stegreif und Kunstgriff. Essays zur Literatur, Musik und Architektur in Lateinamerika. Suhrkamp Verlag, Frankfurt a. M. 1980

Carpentier, Alejo: Le Sacre du printemps. Suhrkamp Taschenbuch Verlag, Frankfurt a. M. 1995

Caruso, Dorothy: El Gran Caruso. Editorial Siglo XX, Buenos Aires 1952

Castro, Alicia: Anacaona. Aus dem Leben einer kubanischen Musikerin. In Zusammenarbeit mit Ingrid Kummels und Manfred Schäfer. Econ Ullstein List Verlag, München 2002

Cirules, Enrique: La vida secreta de Meyer Lansky en La Habana. Chavín, Madrid 2008

Cruz Smith, Martin: Nacht in Havanna. C. Bertelsmann, München 1999

Defoe, Daniel: The Evident Advantages to Great Britain and Its Allies from the Approaching War: Especially in Matters of Trade. British Museum, London, 1727.

Díaz, Jesús: »Cuba rota«, in El País, 31. 1. 2000, Madrid

Edwards, Jorge: Persona non grata. Als Diplomat im revolutionären Kuba. Wagenbach Verlag, Berlin 2006

Einstein, Albert: Amerika-Reise 1930 [Trip USA]. Digitalisiertes Manuskript. Einstein Archives Online, Hebrew University, Jerusalem 2003

Frisch, Max: Homo faber. Suhrkamp Taschenbuch Verlag, Frankfurt a. M. 1980

García, Luis Manuel: Habanecer. Mono Azul Editora, Sevilla 2005

García Lorca, Federico: Dichter in New York/Poeta en Nueva York. Gedichte. Suhrkamp Verlag, Frankfurt a. M. 2005

Gibson, Ian: Federico García Lorca. Eine Biographie. Insel Verlag, Frankfurt a. M. 1991

Greene, Graham: A Life in Letters. Edited by Richard Greene. Little, Brown, London 2007

Greene, Graham: Unser Mann in Havanna. Paul Zsolnay Verlag, Hamburg, Wien 1959

Guevara, Ernesto Che: Kubanisches Tagebuch. Kiepenheuer & Witsch, Köln 2008

Guillén, Nicolás: Obra poética. Tomo II. Editorial Letras Cubanas, Havanna 1995

Gutiérrez, Pedro Juan: Schmutzige Havanna Trilogie. Hoffmann und Campe, Hamburg 2002

Hemingway, Ernest: Gesammelte Werke in zehn Bänden. Rowohlt Taschenbuch Verlag, Reinbek 1982

Humboldt, Alexander von: Essay über Kuba. Herausgegeben und neu übersetzt von Irene Prüfer Leske. Editorial Club Universitario, Alicante 2002

Kleist, Reinhard: Havanna. Eine kubanische Reise. Carlsen Verlag, Hamburg 2008

Lezama Lima, José: Paradiso. Suhrkamp Taschenbuch Verlag, Frankfurt a. M. 1997

Machover, Jacobo (Hg.): La Habana 1952-1961: El final de un mundo, el principio de una ilusión. Alianza Editorial, Madrid 1995

Majakowski, Wladimir: Ausgewählte Werke, hg. von Leonhard Kossuth, Bd. IV, Verlag Volk und Welt, Berlin 1971

Majakowski, Wladimir: Werke. Erster Band. hg. von Leonhard Kossuth. Insel Verlag, Frankfurt a. M. 1973

Martínez Malo, Aldo: Confesiones de Dulce María Loynaz. Editorial José Martí, Havanna 1999

March, Aleida: Evocación. Mi vida al lado del Che. Espasa Calpe, Madrid 2008

Martí, José: Mit Feder und Machete. Gedichte, Prosaschriften, Tagebuchaufzeichnungen. Rütten & Loening, Berlin 1986

Mellow, James R.: Walker Evans. Basic Books, New York 1999

Montero, Mayra: Wo Aida Caruso fand. Droemer Knaur, München 2002

Matos, Huber: Cómo llegó la noche. Tusquets Editores, Barcelona 2002

Neruda, Pablo: Ich bekenne, ich habe gelebt. Luchterhand, Frankfurt a. M. 1977

Ortiz, Fernando: Tabak und Zucker. Ein kubanischer Disput. Insel Verlag, Frankfurt a. M. 1987

Padilla, Heberto: Außerhalb des Spiels. Gedichte. Suhrkamp Verlag, Frankfurt a. M. 1971

Padura, Leonardo: Das Havanna-Quartett. Unionsverlag, Zürich 2008

Padura, Leonardo: Der Nebel von gestern. Unionsverlag, Zürich 2008

Padura, Leonardo: Adiós Hemingway. Unionsverlag, Zürich 2008

Pérez de la Riva, Juan: La isla de Cuba en el siglo XIX vista por los extranjeros. Editorial de Ciencias Sociales, Havanna 1981

Ponte, Antonio José: Der Ruinenwächter von Havanna. Verlag Antje Kunstmann, München 2008

Ponte, Antonio José: »Die Kunst, Ruinen zu erschaffen«, in: Cubanísimo. Junge Erzähler aus Kuba. Suhrkamp Verlag, Frankfurt a. M. 2000

Ramonet, Ignacio: Fidel Castro. Mein Leben. Rotbuch Verlag, Berlin 2008

Sartre, Jean-Paul: »Sie haben gewartet – sie haben geweint. Jean-Paul Sartres Bericht über die kubanische Revolution«, in: Der Spiegel, Nr. 33-36, Hamburg 1960

Valdés, Zoé: Dir gehört mein Leben. Amman Verlag, Zürich 1997

Literarische Reisebegleiter
im insel taschenbuch
Eine Auswahl

Städte

Bayreuth. Ein literarisches Porträt. Herausgegeben von Frank Piontek und Joachim Schultz. Mit zahlreichen Abbildungen. it 1830. 208 Seiten

Mit Brecht durch Berlin. Ein literarischer Reiseführer. Von Michael Bienert. Mit zahlreichen Fotografien. it 2169. 271 Seiten

Literarischer Führer Berlin. Von Fred Oberhauser und Nicole Henneberg. Mit zahlreichen Abbildungen, Karten und Registern. it 2177. 517 Seiten

Bremen. Literarische Spaziergänge. Von Johann-Günther König. Mit farbigen Fotografien. it 2621. 272 Seiten

Budapest. Ein literarisches Porträt. Herausgegeben von Wilhelm Droste, Susanne Scherrer und Kristin Schwamm. Mit zahlreichen Fotografien. it 1801. 283 Seiten

Chicago. Porträt einer Stadt. Herausgegeben von Johann Norbert Schmidt und Hans Peter Rodenberg. Mit farbigen Fotografien. it 3032. 330 Seiten

Dresden. Ein Reisebuch. Herausgegeben von Katrin Nitzschke unter Mitarbeit von Reinhardt Eigenwill. Mit zahlreichen Abbildungen. it 1365. 294 Seiten

Dublin. Ein Reisebegleiter. Von Hans-Christian Oeser. Mit farbigen Fotografien. it 3114. 220 Seiten

NF 31/2/10.07

Mit Proust durch Paris. Von Rainer Moritz. Mit zahlreichen Fotografien. it 2992. 160 Seiten.

Potsdam. Literarische Spaziergänge. Von Jochen R. Klicker. Mit farbigen Fotografien. it 2926. 416 Seiten

Mit Marie Luise Kaschnitz durch Rom. Herausgegeben von Iris Schnebel-Kaschnitz und Michael Marschall von Bieberstein. Mit Fotografien von Mario Clementi. it 2607. 196 Seiten

St. Petersburg. Literarische Spaziergänge. Von Ingrid Schalthöfer. Mit farbigen Fotografien. it 2833. 240 Seiten

Trier. Deutschlands älteste Stadt. Reisebuch. Herausgegeben von Michael Schroeder. Mit Fotografien von Konstantin Schroeder. it 1574. 260 Seiten

Tübingen. Ein literarischer Spaziergang. Herausgegeben von Gert Ueding. Mit zahlreichen Abbildungen. it 1246. 384 Seiten

Venedig. Ein Reisebegleiter. Herausgegeben von Doris und Arnold E. Maurer. Mit zahlreichen Fotografien. it 3110. 190 Seiten

Weimar. Ein Reisebegleiter. Von Annette Seemann. Mit farbigen Fotografien. it 3066. 300 Seiten

Wiener Adressen. Ein kulturhistorischer Wegweiser mit Straßenplänen und Fotos von Dietmar Grieser. it 1203. 217 Seiten

Das Wiener Kaffeehaus. Mit zahlreichen Abbildungen und Hinweisen auf Wiener Kaffeehäuser. Herausgegeben von Kurt-Jürgen Heering. it 1318. 318 Seiten

NF 31/3/10.07